邮票图说

世界建筑

李毅民　李欣桐　编著

科学普及出版社
·北　京·

图书在版编目（CIP）数据

邮票图说世界建筑／李毅民，李欣桐编著．—北京：科学普及出版社，2011.1

ISBN 978-7-110-07420-6

Ⅰ．①邮…　Ⅱ．①李…②李…　Ⅲ．①邮票－世界－图集②建筑艺术－世界－普及读物　Ⅳ．①G894.1-64 ②TU-861

中国版本图书馆 CIP 数据核字（2010）第 257087 号

科学普及出版社出版
北京市海淀区中关村南大街 16 号　邮政编码：100081
电话：010-62173865　传真：010-62179148
http://www.kjpbooks.com.cn
科学普及出版社发行部发行
北京凯鑫彩色印刷有限公司印刷
*
开本：787 毫米 ×1092 毫米　1/16　印张：14.25　字数：228 千字
2011 年 1 月第 1 版　2011 年 1 月第 1 次印刷
印数：1-3000 册　定价：53.00 元
ISBN 978-7-110-07420-6/G·3201

细算起来，在大学教世界建筑史已经近三十年，伴随着年龄、阅历的增加，对许多东西渐渐地看淡了，有些事甚至因退出了记忆而恍惚。但有一件事，对我而言，始终能激荡起年轻时那股冲动的热情，这就是去看那些读过许多次，想过许多次的经典建筑。每当站在一座仰慕已久却未曾谋面的建筑之前，都会有一种难以名状的情感涌上来。

邮票与建筑，曾给我留下极深刻的记忆。1967年，“文革”之初，学校里已无人教书，也无人读书。一天正午，趁大家午睡，我跟着两个大我几岁的男孩子，悄悄地爬进了家属楼的阁楼里，摸着两人的影子，踉跄到一堆杂物前，趴在寸把厚的尘土里，一捆捆邮票被打开，在通风口曲折微弱的光线中，那些美丽的异域风景，那些高鼻子、深眼窝、大胡子的人像，那些尖塔圆顶的奇异建筑，让我第一次触到了外面的世界，那个陌生遥远的世界，使我忘记了昏暗的阁楼和光线下扶摇的尘土。

再次将邮票与建筑联系起来，是因为李欣桐。李欣桐和我算是世交，他读建筑学专业，几次与好友吃饭，大家海阔天空，无所不谈。李欣桐对与建筑无关的事极少搭腔，低头吃饭，但凡谈及建筑，他会突然来神，语速加快并严肃认真地发表他对建筑问题的看法。这是一个会因建筑而乐，会因建筑而悲的人，我感动于此。因建筑而乐，因建筑而悲并不是许多建筑师可以做到的，李欣桐热爱建筑。于是，当

好友提出让我为这本由李毅民先生与李欣桐合著的《邮票图说世界建筑》写序时，我欣然应诺。

建筑是人类最早的营建活动，记载了人类文明的起源与演进，承载了人类文明的辉煌成果，一部建筑历史，近乎于一部人类文明史。邮票是人类文明的产物，它的出现比建筑要晚很多，但自 1840 年“黑便士”邮票在英国正式使用之后，建筑很快便成为邮票设计师选择的重要题材。邮票的三要素——图案、国铭、面值，其中的图案与国铭在建筑题材的邮票上体现得直接且准确，那些特征鲜明的著名建筑既标志了所属的国家又展示了独特的审美效果，图案之美与建筑之美相得益彰。

李毅民先生与李欣桐合著的《邮票图说世界建筑》，精选了一百多个国家的一千一百多枚邮票，辅以文字说明，形成了图文兼顾的专题性集邮图书。这部图书不论是对于建筑还是对于集邮来讲，都具有价值。这部图书的特点：其一，结构宏大、内容充实。其内容涉及欧洲、亚洲的经典建筑，世界各地的民居建筑，中国的宫殿、园林、古寺、古塔，不同城市的街景风貌，以及名人故居，高层、大跨度建筑，等等。其二，集知识性、观赏性、趣味性为一体。其文字解说，专业性与普及性兼备，精选出的千余张邮票考虑了设计、绘画、印制等多项要求，视觉效果精美。这本书既可是普通百姓欣赏集邮的图书，也可为集邮爱好者、建筑工作者的收藏之书。

李毅民先生是《收藏》杂志主编、陕西省集邮协会副会长。在编著此书之前，他已出版相关集邮专著十余部，其功力自不必多言，属集邮领域的权威与精英。李欣桐是西安建筑科技大学建筑学专业高材生，对建筑充满激情，勤于读书，善于思考，乐于应对各种建筑问题 。

长者的睿智加上后生的热情，使《邮票图说世界建筑》得以问世。愿持此书的读者能够体会到两者的珠联璧合。我是能受建筑感动的人，又感动于两位作者对建筑的至诚而写下这些文字，以为序。

杨豪中

2010 年 5 月 12 日于西安

REPOBLIKAN'I MADAGASIKARA
100
20

50分
中国邮政
CHINA

REPUBLIQUE FRANÇAISE POSTES
0,85
CALAIS

CHINA
50分
中国邮政

MAGYAR
POSTA
Baja
1Ft

目录

序

一

建筑——凝固的历史

世界著名建筑遗址和古代建筑奇观，所以受到各国人民的珍爱，是因为它们被视为人类文明的象征和全人类共同的文化财富。世界各国的传统建筑艺术和当代著名建筑，伴随着永恒的亲切感和归属感，构成了国家民族心灵的家园。

1. 建筑在向我们诉说

衣、食、住、行是人类日常生活中的四大问题。住就离不开房屋，建造房屋是人类最早的生产活动之一。

人类社会文化存在着环境、器用、审美“三大支撑”。

第一个支撑：从生物的人到社会的人，他们和环境的互动关系，包括人类适应和改造环境，改造和破坏环境。

第二个支撑：人类的主动创造，具体表现为各种“为人服务”的器用。从宏观的村镇、城市、运河到微观的首饰等。

第三个支撑：人类的社会在美中存在，人类的历史在美中前进。从“美”的出发点上升到纯粹艺术品的创造。人类建筑艺术发展的历史中，到处都能找出美的作用，美的影响。

图 1–1 分别是摩纳哥 1958 年发行的牧羊女邮票；匈牙利 1968 年发行的草原牧马邮票；吉尔吉斯斯坦 1993 年发行的蒙古包邮票；巴布亚新几内亚 1971 年发行的土著人的生活邮票。

图 1-1

图 1-2 是波兰 1982 年发行的修复克拉科夫建筑小型张，边纸为该城各种古建筑。

万物灵长的人类自从 300 万年前告别自己的祖先古猿而从树上下到地面，便为了生存不断寻找、构筑栖身之所。从洞穴到半穴式建筑，再到地面建筑，标志着人类锲而不舍地利用自然，创造家园的艰辛历程。在漫长的岁月中，人类无数的建筑还会被无情的水灾、地震等自然灾害及火灾、战火毁灭。

图 1-2

图 1-3 是印度尼西亚 1967 年发行的国家赈灾基金邮票，图案分别为水灾、火灾。

苏丹地处尼罗河上游，也是非洲的文明发祥地之一。公元前 750 年，

图 1-3

图 1-4

努比亚人曾在纳巴塔建立库施国，这里留下了一些令人赞叹的古代建筑遗址。

图 1-4 是民主德国 1970 年发行的苏丹穆扎瓦拉特狮神庙石刻邮票，图案分别为阿蒙神、苏神、蒂弗鲁特神像（10pf）、喂牛图（20pf）、阿卡王子像（25pf）、阿思苏菲斯神像（30pf）、阿塔德马克狮神像（50pf）。

直到 19 世纪，在世界许多地区的土著人居住地，仍然使用一些天然树木、芦苇、兽皮建造房屋。在美国大草原地带生活着一些靠追捕野牛群生活的印第安部落，印第安人的住宅——“提皮”，是用野牛皮缝制成的圆锥形的帐篷，帐篷的骨架是用云杉或松树干搭建的。

图 1-5 是捷克斯洛伐克 1958 年发行的北美印第安人的独木舟和住宅“提皮”邮票。

人们一旦开始耕作并在村庄里定居下来，世界上的人口便开始迅速地增长。人们的生活方式变得越来越复杂，城镇也随之扩大。人类在有意识地创造并美化居住环境的活动中积累知识，总结经验，不断创新。

图 1-6 分别是坦桑尼亚 1984 年发行的茅

图 1-5

图 1-6

草屋邮票；波兰 1986 年发行的 19 世纪木结构水力磨坊邮票。

阶级产生了，出现了供统治阶级居住的宫殿、府邸、庄园、别墅，供统治者灵魂“住”的陵墓以及神“住”的庙宇。生产发展了，出现了作坊、工场以至于现代化的大工厂。商品交换产生了，出现了店铺、钱庄乃至现代化的商场、百货公司、交易所、银行、贸易中心。交通发展了，出现了从驿站、码头以及现代化的港口、车站、地下铁道、机场。科学文化发展了，又出现了从书院、家塾直到近代化的学校和科学研究建筑。

人类是大自然的产物，建筑艺术则是人类与大自然和谐相处、筑梦天下的产物。建筑不仅满足了人类生存生活的基本需要，还为人类提供着物质的财富和精神的家园。一部建筑发展史，堪称人类社会的生存发展史、文明发展史、艺术发展史、思想发展史。以至于今天的人类，在回顾历史、研究艺术、保护环境、发展旅游的文化追寻中，都必须面对无数古今中外的建筑遗迹和经典之作，从中吸取人类智慧和精神永恒的力量。

图 1-7 是中国 1994 年发行的中华全国集邮联“四大”小型张，图案为新疆克孜尔烽燧。

图 1-8 是特兰斯凯发行的欧式建筑邮票。

以复古名义创造的文化，是中外历史上常见的现象。欧洲有一个伟大的希腊罗马传统，中国也有一个对应点：强大的汉唐盛世。人们不断仰望这个源头，从中吸取力量。

图 1-7

图 1–8

古典建筑，不论中西，与自然融合得都是那么贴切恰当。什么样的环境造就什么样的人文。儒家学说是农耕文明的集大成者，海上商贸成就了西方人的脾性。建筑是一方文明的具体表现，叙述的是这个群体的精神。有了这样的内涵，才会有特色鲜明的乐律和气势。虽说风格迥异，情调有别，但都成了所处环境的一部分。

图 1–9 是格林纳达 1996 年发行的北京第 9 届亚洲邮展小型张，图案为《红楼梦》。

建筑文化体现人类的思维方式和行为特征。各种建筑型制、质量、数量变化彰显社会生活，特别是政治、经济、文化和科学技术的发展变化。建筑是有形的、

图 1–9

立体的、活生生的历史。建筑文化从远古走来，历尽风雨沧桑。多元文化信息和异域文化冲击着当代人的风俗习惯、价值观、审美情趣和心理认同尺度。建筑文化从传统走向现代，文化转型让很多人出现选择困惑，甚至有焦虑感和迷茫感。面对城镇化和住宅现代化大潮，一些文化人发出“告老无法还乡”的感慨。

很多时候，建筑的新旧不是单纯用时间长度能衡量的。所谓的古旧，是一种时间的附加值，包括艺术价值和时间价值。新的花样不断出现，让人眼花缭乱，但大多只值得匆匆一瞥，古旧的建筑却可以从多个角度来欣赏，经过岁月长河的冲刷、洗礼，形式上旧，却永存精神上的新。

图 1-10 分别是马恩岛 1977 年发行的道格拉斯教堂邮票；库克群岛 1953 年发行的教堂邮票；墨西哥 1940 年发行的坎佩切建城400周年·圣米歇尔要塞、圣弗朗西斯教堂邮票；坦桑尼亚 1977 年、马拉维 1978 年发行的教堂邮票。

大三巴牌坊位于澳门大三巴街附近的小山丘上，是圣保罗教堂的前壁遗迹，该教堂建于 1637 年，糅合了欧洲文艺复兴时期建筑与东方建筑的风格，雕刻精细，是当时东方最大的天主教堂。因为它的形状与中国传统牌坊相似，所以取名“大三巴牌坊”。1835 年圣保罗教堂被大火烧毁，仅残存了现在的前壁部分。现在，大三巴牌坊已经成为澳门的象征之一。2005

图 1-10

年被列入《世界遗产名录》。岁月沧桑，一座历经磨难的古建筑，承载着多少历史的记忆与诉说。

图 1–11

图 1–11 分别是中国 1997 年发行的澳门大三巴牌坊邮票；中国与乌克兰 2009 年联合发行的金门邮票。

位于乌克兰首都基辅的金门建于 11 世纪，是古代基辅城的正门，因门扇和门楼上的教堂圆顶装饰有镀金的铜箔而得名金门。1983 年在遗址经整修后辟为博物馆，是现存不多的雅罗斯拉夫大公时代的建筑之一。

图 1–12 是阿根廷 1957 年发行的圣多明哥教堂邮票，1965 年发行的圣弗朗西斯教堂邮票。1979 年发行的阿根廷北部教堂邮票，图案分别为普尔马马卡教堂（100+50p）、莫莱昂斯教堂（200+100p）、阿尼昂纳教堂（300+150p）、圣何塞·德路易斯教堂（400+200p）。

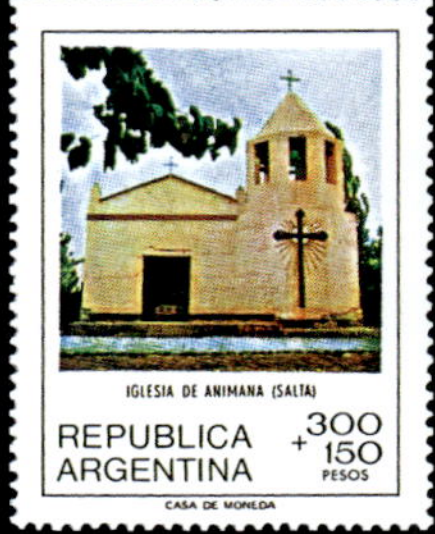

图 1–12

世人所说的文化大致涉及三类内容：精神文化、过程文化（生活方式、运作制度等）、结果性文化（文学、艺术、食品、器物、建筑和一切人造之物）。过程性文化和结果性文化取决于精神文化。

古建筑所具有的文化价值与精神价值是深入人心的，不可磨灭的。我们一般所说的文化软实力主要指的是精神文化。精神文化会对行为取向、行为智慧和驱动力产生深远影响，其作用如同基因：任何个人、群体和国家的最终成就都不可能超出其“文化基因”所规定的界限。

图 1–13 是葡萄牙 2007 年发行的世界新七大奇迹及评选入围的著名建筑小型张。

什么是历史？广义上说，历史就是人民的故事，人民的创造。研究历史就是发现过去，不仅要研究人们用书或纸记录的事件，还必须研究人们用泥土、兽皮、织物、木头、石头、金属等创造的文明，以过去遗留下来的实物作为历史的证据。历史不仅与久远的过去相关，历史还是以我们现代生活为主题的故事——今天的创造就是明天的历史。从某种意义上说，建筑就是凝固的历史，也是我们接融历史、了解历史、感悟历史最直观、最形象的教科书。

图 1–14 是加拿大 2007 年发行的皇家建筑师学会成立百年 4 枚邮票加 4 枚附票，图案为现代建筑与设计图。

图 1–13

图 1–14

2. 古代“世界七大奇迹”

公元前 3 世纪，旅行家昂蒂帕克写下了“世界七大奇迹”名单：埃及吉萨金字塔、奥林匹亚宙斯巨像、阿泰米斯神殿、摩索拉斯基陵墓、亚历山大灯塔、巴比伦空中花园、罗德岛太阳神巨像。这位旅行家声称：七大奇迹乃是他“亲眼所见，永难磨灭”。这些建筑物和塑像，以其宏伟规模、艺术美感或独特的建造方式，代表了古代西方文明的成就。当时以古希腊为代表的西方对于中国几乎一无所知，难怪法国总统参观中国秦始皇陵遗迹时惊叹“兵马俑是古代文明第八大奇迹”。

（1）吉萨金字塔

北非的尼罗河流域是人类文明的发祥地之一。数千年前，世界四大文明古国之一的古埃及人建造了人类历史上第一批各种类型的巨型建筑，有宫殿、府邸、神庙和陵墓。这些建筑物以巨大的石块为主要建筑材料，工程宏大，施工精细。古埃及人善用庞大的规模、简洁稳定的几何形体、明确的对称轴线和纵深的空间布局来营造雄伟、庄严、神秘的效果。

图 1-15

图 1-15 是埃及 1958 年发行的吉萨金字塔邮票。

金字塔是古代埃及王为自己修建的陵墓。有 4000 多年历史的大小金字塔有近 100 座，大都建筑于埃及第三王朝至第六王朝。吉萨金字塔群中间的胡夫金字塔高 146.6 米，底边长 230.35 米；左边的海夫拉金字塔高 143.5 米，底边长 215.25 米；右边的门卡乌拉金字塔高 66.4 米，底边长 108.04 米。附近有一座狮身人面像。主要建材是石灰岩，部分为花冈岩。最大的胡夫金字塔用 200 多万块巨石砌成。金字塔中心有墓室，可以从甬道进去。

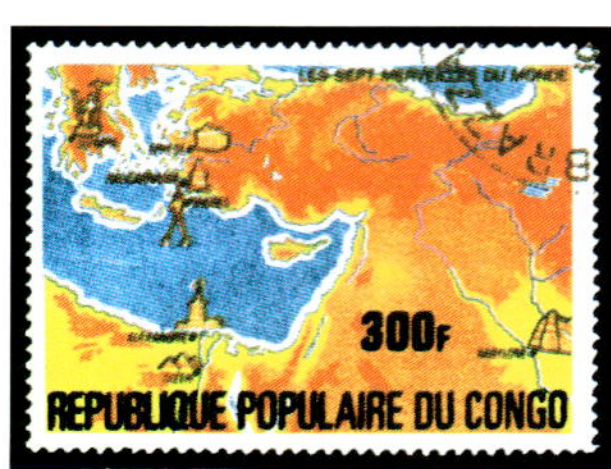

图 1-16

图 1-16 是刚果 1978 年发行的世界七大奇迹邮票，图案分别为地中海东部地区地图上的世界七大奇迹位置、埃及吉萨金字塔。

（2）奥林匹亚宙斯神像

宙斯是希腊众神之神，宙斯神殿则是奥林匹克运动会的发源地。神殿位于希腊雅典卫城东南面，于公元前456年建造完工，是多利克式建筑。殿顶使用大理石兴建，由34个高达17米的科林斯式支柱撑起来，面积达400多平方米。神殿主角——宙斯，采用了在木制支架外加象牙雕成的肌肉和金质的衣饰。宝座也是木底包金，嵌着乌木、宝石和玻璃。

神像头上与头后，雕着“典雅三女神”和“季节三女神”（春、夏、冬）雕像；腿和脚饰有舞动中的胜利女神、人头狮身史芬克斯及希腊其他诸神装饰。高13米的神像（不包括宝座），使坐在宝座上的宙斯头部差不多顶着神殿顶。

公元393年，罗马皇帝都路斯一世颁布停止竞技的禁令，古代奥林匹克竞技大会在这一年终止。公元426年，又颁布了异教神庙破坏令，于是宙斯神像遭到破坏。神殿石材被拆卸，改建成堡垒。

图1–17是刚果发行的希腊奥林匹亚宙斯神像、罗德岛太阳神巨像邮票。

图1–17

（3）罗德岛太阳神巨像

希腊罗德岛巨像建在罗德市港口的入海处。它是希腊太阳神赫利俄斯的青铜铸像，高约33米。它只存在短短56年便毁于公元前226年的一次地震，考古学家甚至连它的确切位置都未能确定。

罗德港位于爱琴海和地中海的交界处，于公元前408年建成。马其顿侵略者德米特里带领4万军队（已超过整个岛上的人口）包围了港口。经过艰苦的战争，罗德岛人击败了侵略者。为庆祝胜利，他们决定用敌人遗弃的青铜兵器修建一座阿波罗太阳神像，于公元前282年完工。整座巨像以大理石建成，再以青铜包裹，以后被用作灯塔。传说巨像两腿分开站在港口入口处，船只是从腿中间过去，非常壮观。公元前226年的大地震把这座巨像彻底摧毁。

（4）巴比伦空中花园

巴比伦位于今伊拉克首都巴格达以南 90 千米左右。空中花园建造时间大约公元前6世纪，是由尼布甲尼撒二世王为了安慰思乡成疾的王妃安美依迪丝，仿照王妃在山上的故乡而兴建的。

巴比伦空中花园最令人称奇的是灌溉园里花草的供水系统。因为巴比伦雨水不多，而空中花园亦远离幼发拉底河，所以历史研究者认为空中花园应有不少输水设备。奴隶不停地推动连系着齿轮的把手，把地下水运到最高一层的储水池，再经人工河流返回地面。由于美索不达米亚平原没有太多的石块，研究者们认为建造空中花园所用的砖块非比寻常，它们被加入了芦苇、沥青甚至加入了一层铅，以防止河水渗入地基。

图 1-18

图 1-18 是刚果发行的巴比伦空中花园、阿泰米斯神殿邮票。

（5）阿泰米斯神殿

阿泰米斯是希腊神话中的月亮神、狩猎女神，是太阳神阿波罗的妹妹，在古代的希腊深受敬仰。神殿建造时间约公元前 550 年。地点在希腊古城爱菲索斯，约在今土耳其的以弗所南面 50 千米。神殿建筑以大理石为基础，上面覆盖着木制屋顶。内部有两排 106 根立柱，每根为 12 ～ 18 米高。神殿的底座为 60 米 ×120 米。整座建筑以铜、银、黄金及象牙浮雕装饰，在中央的祭坛摆放着阿泰米斯女神的雕像。

公元前356年，神殿被大火所毁，其后又重建，大理石柱长度增至21.7米，并且多了 13 级阶梯围绕在旁边。由于爱菲索斯人转信基督教，神殿在公元 401 年被摧毁。

（6）摩索拉斯基陵墓

图 1–19

摩索拉斯基陵墓建造时间约在公元前 353 年。位于哈利卡纳素斯（现土耳其西南地区）。这座白色大理石陵墓是为摩索拉斯和他的妻子修建的。陵墓底部面积是 40 米 × 30 米，高 45 米，其中墩座墙高 20 米，柱高 12 米。底座上部呈阶梯形的金字塔状，金字塔高 7 米。顶部的雕像是四匹马拉着一架古代战车，雕像高 3 米。

15 世纪初哈利卡纳素斯被侵占，新的统治者为了建一座城堡，在 1494 年将摩索拉斯陵墓的一些石头用作建筑材料。至今不少的雕塑存放在英国伦敦博物馆内。

图 1–19 是刚果发行的摩索拉斯基陵墓，亚历山大灯塔邮票。

（7）亚历山大灯塔

亚历山大大帝死后不久，他的手下之一托勒密称霸埃及，有鉴于亚历山大港附近的航道十分危险，便下令在附近的法洛斯岛兴建亚历山大灯塔，于公元前 290 年竣工。

亚历山大灯塔至少 122 米高，用白色石灰石或大理石建成，为当时世界上最高的建筑物。一位阿拉伯旅行家在他的笔记中这样记载：“灯塔是建筑在三层台阶之上，在它的顶端，白天用一面镜子反射日光，晚上用火光引导船只。”1500 年来，亚历山大灯塔一直在暗夜中为水手们指引进港的路线。14 世纪的大地震彻底摧毁了它。

由于上述奇迹大多数已经毁灭，后人又曾提出过世界中古七大奇迹。2001 年，由法国人贝尔纳·韦伯创办的“新七大奇迹”基金会发起新七大奇迹网上评选。由 200 多个世界著名的景点中选出 77 个较优的景点，供网民投票。活动于 2007 年 7 月 8 日在葡萄牙首都里斯本揭晓，中国的万里长城、约旦的佩特拉古城、巴西里约热内卢的基督像、秘鲁的马丘比丘、墨西哥尤卡坦的奇琴伊察金字塔、意大利的罗马竞技场、印度的泰姬陵成为世界“新七大奇迹”。

虽然此次新世界七大奇迹评选是民间承办的，但仍然受到许多国家民众甚至政府的高度重视。评选结果公布后，一些国家还以此为题材发行了纪念邮票。

图 1-20(a)(b) 分别是 2007 年塞拉利昂，圣文森特发行的世界新七大奇迹小全张。

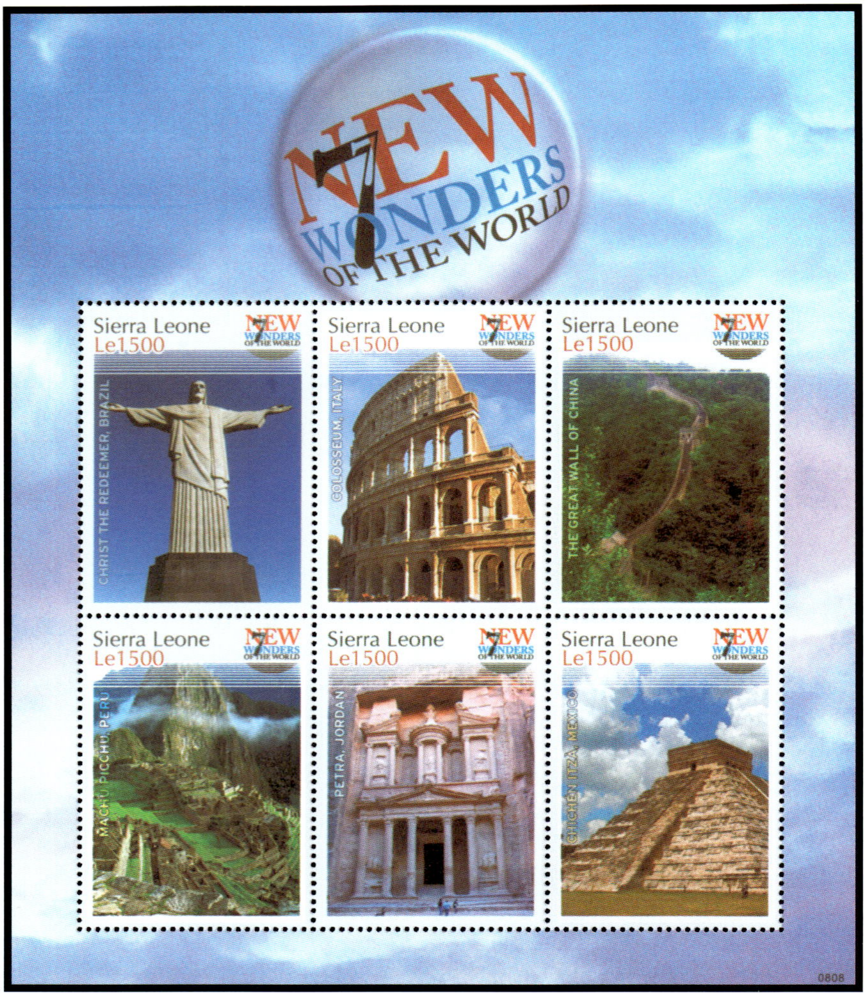

图 1-20(a)

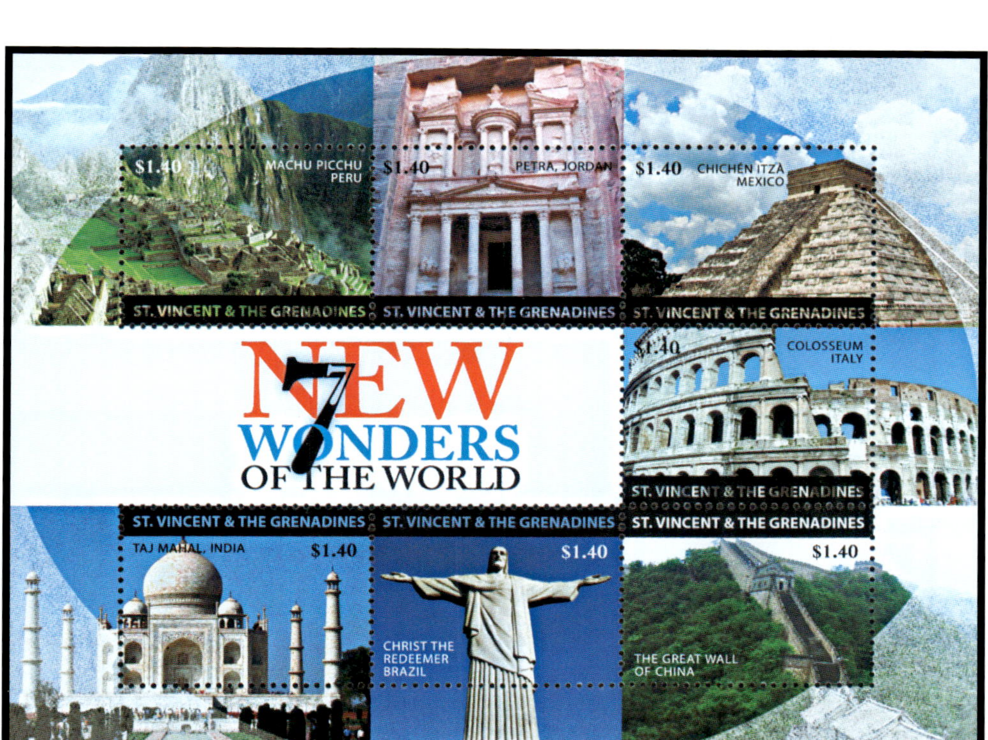

图 1-20(b)

3. 欧洲中世纪建筑

置身于欧洲特色独具的城乡景观，如同欣赏各种各样的文化艺术形式那样，使人可以深切的感觉其动人的魅力所在。

图 1-21 是英国 1980 年发行的伦敦世界邮展小型张，图案为泰晤士河畔的伦敦古迹。

古希腊是欧洲文明的摇篮。欧洲古代建筑的源泉是古希腊建筑。

图 1-21

图 1-22

古希腊是巴尔干半岛南部、爱琴海诸岛及小亚细亚西岸一群奴隶制城邦的总称。优越的自然条件，频繁的海上贸易以及不断的对外殖民，使希腊的经济得到迅速的发展。作为希腊文化的一个组成部分，希腊的建筑艺术取得了重大的成就。希腊人建筑了如神庙、剧场、竞技场等各种建筑物，其建筑开欧洲建筑之先河，在建筑史上占有重要地位。希腊建筑的杰出贡献在于圆柱权威性的确立，即柱式的确立。建筑的结构属梁柱体系，早期主要建筑都用石材。建筑以端庄、典雅、匀称、秀美见长。

图 1-22 是希腊 1959 年发行的古希腊德尔斐剧场邮票，1967 年发行的国际旅游年邮票，图案分别为斯科派洛斯岛小教堂（2.5d）、阿波罗神庙（4.5d）、雅典普拉卡角街区（6d）。

古希腊是一个泛神论的国家，守护神崇拜代替了过去的祖先崇拜，所有的一切均同神有关，对自然界的事物都给以神话的解释，希腊神话成为希腊艺术的源泉。希腊人在吸收前人建筑艺术的基础上，把它加以美化和提高，使其达到尽善尽美的程度。

图 1-23 前两枚是希腊 1977 年发行的雅典娜的神庙邮票，图案为帕提侬神庙，正殿内部排列着陶立克式列柱和

图 1-23

女像石柱，它是一种更具装饰性的爱奥尼式柱的变形；第 3 枚是 1981 年发行的爱奥尼式柱头图案的邮票。

柱式是希腊建筑艺术的精华，在神庙建筑中应用得淋漓尽致。柱式共有三种：陶立克式、爱奥尼式和科林斯式。陶立克柱式产生较早，形态厚重朴实，刚毅雄伟。华美轻盈、柔和端丽的爱奥尼柱式则代表了女性的体态和性格。科林斯柱式盛行于公元前 4 世纪，是爱奥尼柱式的变体，使之更富于装饰性。

图 1–24 是意大利 1978 年发行的罗马万神庙邮票。

万神庙是古罗马的建筑杰作。在意大利首都罗马，现列为国家圣地。庙由奥古斯都大帝女婿、曾先后三任总督的马尔库斯·维普萨纽斯·阿格里帕于公元前 27 年兴建。后遭雷击，由哈德里安皇帝于公元 125 年重建。到 3 世纪初，又由卢丘斯·塞蒂缪斯·塞韦鲁斯和卡拉卡拉两个皇帝改建。万神庙过去一直被封闭，罗马皈依天主教后，公元 609 年教皇博理法四世改为“圣母与诸殉道者教堂”。到了近代，又成为意大利名人灵堂。

图 1–24

万神庙正面排立着 16 根土红色科林斯式花岗岩石柱，前排 8 根，中后排各 4 根，上覆三角形门楣。每根石柱高 12.5 米，周长 4.5 米。神庙正面呈长方形，内部为一座由 8 根巨大拱壁支柱承荷的圆顶大厅。大厅直径与高度均为 43 米。四周墙壁厚达 6.2 米，外砌以巨砖，无窗无柱，只在圆顶顶部有直径 9 米的采光圆眼。

据说万神庙是第一座注重内部装饰胜于外部造型的罗马建筑，但原有部分青铜与大理石雕刻失之于外国掠夺或移用于后建的罗马建筑，外部的瑰丽红石也不翼而飞，失去昔日的风采。现唯神庙入口处的两扇青铜大门为至今犹存的原物。门高 7 米，宽而厚，为当时世界上最大的青铜门。大厅四壁神龛供奉着天主教圣人，厅中有多座祭台。

图 1–25 是朝鲜 1985 年发行的罗马古竞技场邮票极限片。

罗马本是意大利半岛中部的一个小城邦国家，公元前 3 世纪，罗马征服了全意大利。公元前 30 年起，罗马成了帝国。其建筑特点以厚实的砖石墙、半圆

图 1–25

形拱券、逐层挑出的门框装饰和交叉拱顶结构为主。在建筑形制、技术和艺术方面都有创新，尤其是发展的拱券和穹窿结构技术，形成了规模宏大、气势雄伟的古罗马建筑风格。其建筑在 1 ～ 3 世纪为极盛时期，当时在罗马城内，有许多世俗性的公共建筑，如集市广场、宫殿、浴场、竞技场、府邸、法院、凯旋门、桥梁等，它们同古罗马万神庙一起构成城市的壮丽风貌。

图 1–26

图 1–26 是意大利 1970 年发行的威尼斯圣马可广场钟塔的凉廊邮票。

图 1–27 是几内亚 1987 年发行的意大利教堂邮票，图案分别为贝加莫的科尔莱奥尼教堂（0.1s）、帕多瓦的圣安东尼大教堂（0.2s）、佛罗伦萨的德尔·弗洛雷大教堂（3.5s）。

罗马人不同于希腊人，是一个注重实际的民族。希腊人追求的和谐统一是抽象的、概念化的，而罗马人追求的和谐是建立在实际需要、日常生活中的和谐。罗马人避开理想主义，以直接使用为目的。古罗马的建筑一般都非常巨大，表明了罗马人企图征服和统治整个世界的野心。

图 1–27

图 1–28 是意大利 1974 年发行的佛罗伦萨的乌菲济美术馆邮票极限片。

公元 395 年，显赫一时的罗马帝国分裂为东西两个国家，西罗马的首都仍在当时的罗马，而东罗马则将首都迁至拜占庭，其国家也就顺其迁移被称为拜占庭帝国。拜占庭帝国的建筑，继承和发展了古罗马建筑中某些要素，同时吸

图 1–28

取了波斯、两河流域等地的经验，形成独特的建筑体系。其建筑的主要成就是在教堂中创造了用柱墩通过拱券支承穹窿顶的结构方法和相应的中心对称式建筑形制。

图 1–29 是马达加斯加 1994 年发行的世界著名教堂和清真寺邮票。

图 1–29

10 ～ 12 世纪，人们开始探索运用石拱券技术，并不断加以发展，形成了哥特式建筑风格。哥特式教堂建筑近似框架式的肋骨拱券石结构，与相同空间的古罗马建筑相比，重量大大减轻，材料大大节省。采用窗花格和彩色嵌花玻璃窗，加上结构所必须的扶壁和飞扶壁，配以高耸的尖塔，哥特式建筑给人以向上的感觉，体现了追求天国幸福的宗教意识。

图 1–30 是圣马力诺 1967 年发行的欧洲哥特式教堂邮票，图案分别为法国亚眠主教堂（20L）、意大利锡耶纳主教堂（40L）、西班牙托莱多主教堂（80L）、英国索尔兹伯里主教堂（90L）。

上帝（或天主）在中世纪成为一切的主宰，代表上帝存在的是欧洲到处可见的教堂和修道院。中世纪的建筑艺术堪称宗教的艺术或教堂的艺术。

图 1–30

图 1–31 是俄罗斯 1994 年发行的德国科隆主教堂、俄罗斯莫斯科瓦西里圣母升天大教堂、美国纽约圣帕特里克大教堂邮票。

14 世纪，意大利出现了文艺复兴运动。这个运动反对神权，要求人权，追求自由和现实幸福的人文主义思想和重视科学理性的思想，形成了以复兴希腊罗马古典文化为旗帜，反对教会文化统治的浪潮。在这一时期，很多艺术家如达·芬奇、米开朗琪罗等都涉足建筑领域。文艺复兴建筑最明显的特征是扬弃中世纪时期的哥特式建筑风格，而在宗教和世俗建筑上重新采用古希腊、古罗马时期的柱式构图要素。文艺复兴时期建造的大量贵族府邸，也反映出当时建筑技术和艺术水平。

图 1–32 是意大利 1979 年发行的喷泉邮票第 7 组，图案分别为伊索内的石榴喷泉、阿克维特尔梅的

图 1–31

图 1–32

沸腾喷泉、维特尔博的大喷泉。

充满着人文主义思想、生机勃勃的文艺复兴运动，标志着人类历史发展的一个伟大里程碑。它冲破中世纪宗教思想束缚的牢笼，宣告了近代史的开端。文艺复兴运动的影响，使欧洲建筑风格从后期哥特式建筑发展变化为文艺复兴建筑。建筑师们追求的是一种理性的调和美，他们的作品都带有轻快明朗的时代感。

文艺复兴晚期由于企图突破已有的建筑程式，追求奇特奔放的效果，崇尚豪华富丽的装饰而出现了巴洛克建筑和洛可可风格。

图 1–33

图 1–33 分别是意大利 1971 年发行的罗马的坦比哀多庙邮票，该庙是文艺复兴时期建筑师伯拉孟特的代表作；奥地利 1989 年发行的巴洛克风格的三圣教堂邮票。

有人说“建筑是石头的史书”，这正是欧洲中世纪建筑的生动写照。在其发展过程中，不同时代的不同文化思想，对欧洲建筑的形式、功能和空间都产生了重要的影响，从而把石质建筑艺术推向高峰。

图 1–34 分别是联邦德国 1982 年发行的西柏林“伟大的好奇心”纪念亭邮票，1985 年发行的巡礼教会柱式邮票；罗马尼亚 1976 年发行的罗马尼亚档案博物馆走廊邮票；匈牙利 1978 年发行的匈牙利国会大厦会议大厅邮票。

图 1–34

4．中国的世界文化遗产

为了保护世界文化和自然遗产，联合国教科文组织于1972年11月16日在第十七次大会上正式通过了《保护世界文化和自然遗产公约》。1976年，世界遗产委员会成立，并建立了《世界遗产名录》。中国于1985年12月12日加入该公约。

世界遗产包括文化遗产和自然遗产两类。文化遗产是指具有历史、美学、考古、科学、文化人类学或人类学价值的古迹、建筑群和遗址；自然遗产是指突出的自然、生态和地理结构、濒危动植物品种的生态环境，以及具有科学、保存或美学价值的地区。

截至2009年6月，经联合国教科文组织批准列入《世界遗产名录》的世界遗产已达890处，其中世界文化遗产689处，世界自然遗产176处，文化和自然双重遗产25处，文化景观10处。

中国是一个地域辽阔的多民族国家，从北到南，地质、地貌、气候、水文条件变化很大，各民族的历史背景、文化传统、生活习惯各有不同，因而形成很多各具特点的建筑风格。全国大部分地区使用木构架承重的建筑，数千年来，帝王的宫殿、坛庙、陵墓以及官署、佛寺、道观、祠庙等都普遍采用。中国古代建筑高超的结构技术和丰富的艺术处理手法在世界建筑艺术领域独树一帜。

中国现已是文化遗产排名世界第三的遗产大国。截至2009年6月，中国已有38处世界遗产。其中世界文化遗产25处，世界自然遗产7处，文化与自然双重遗产4处，文化景观2处。其中以古代建筑为主的世界遗产如下（括弧内为遗产所在地和列入《世界遗产名录》的时间）：

长城（北京，1987.12）

明清皇宫（北京，北京故宫，1987.12；辽宁，沈阳故宫，2004.7）

承德避暑山庄及周围寺庙（河北，1994.12）

曲阜孔府、孔庙、孔林（山东，1994.12）

武当山古建筑群（湖北，1994.12）

布达拉宫（大昭寺、罗布林卡）（西藏，1994.12）

峨眉山—乐山（四川，1996.12）

丽江古城（云南，1997.12）

平遥古城（山西，1997.12）

苏州古典园林（江苏，1997.12）

颐和园（北京，1998.11）

天坛（北京，1998.11）

明清皇家陵寝（湖北，明显陵；河北，清东陵、清西陵，2000.11；江苏，明孝陵、北京明十三陵，2003.7；辽宁，盛京三陵，2004.7）

皖南古村落（西递、宏村）（安徽，2000.11）

中国高句丽王城、王陵及贵族墓葬（吉林，2004.7.1）

澳门历史城区（澳门，2005）

开平碉楼与古村落（广东，2007.6.28）

福建土楼（福建，2008.7.7）

五台山（山西，2009.6.26）

图 1–35

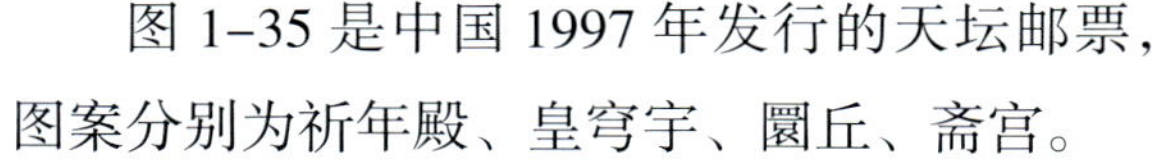

图 1–35 是中国 1997 年发行的天坛邮票，图案分别为祈年殿、皇穹宇、圜丘、斋宫。

北京天坛名天地坛。明永乐十八年（1420）建，嘉靖十三年改称天坛。为明、清两代帝王祭天祈谷之所，是我国现存最大的古代祭祀性建筑群。

祈年殿，是镏金宝顶三层檐攒尖顶圆形建筑，上檐用蓝色琉璃瓦，中层黄色，下层绿色。殿高 38 米，直径 32.72 米，中央四柱代表四季，外圈两排柱子各有 12 根，分别代表 12 个月和 12 个时辰。殿座三层，每层围有石护栏。

圜丘坛又称祭天台、拜天台、祭台等。栏板望柱用汉白玉，坛面用艾叶青石。坛圆形三层，各层栏板望柱及台阶数目均用阳数（又称“天数”，即九及九的倍数）。坛面除中心石是圆形外，外围各圈均为扇面形，数目也是阳数。

皇穹宇在天坛圜丘坛以北。是存放圜丘祭祀神牌位的处所。正殿圆形以象天。为鎏金宝顶单檐蓝瓦圆攒尖顶。其正殿及东西配庑，共围于一圆墙之内，由于内侧墙面平整光洁，声音可沿内弧传递，故俗称回音壁。

斋宫在天坛西天门以南，是皇帝行祭礼时斋戒处。外围有两重御沟，外沟内岸四周有回廊 163 间。正殿五间，红墙绿瓦，为拱券形砖石结构，俗称无梁殿。

图 1–36 是中国 2003 年发行的苏州园林网师园邮票，图案分别为殿春簃、月到风来亭、竹外一竹轩、万卷堂。

网师园位于苏州城东南部。始建于南宋时期（1127 ～ 1279），当时称为“渔隐”。清代乾隆年间（1736 ～ 1796）重建，改名为“网师园”。网师园占地约半公顷，是苏州园林中最小的一座。园内主要建筑有丛桂轩、濯缨水阁、看松读画轩、殿春簃等。网师园的亭台楼榭无不临水，全园处处有水可依，各种建筑布局紧凑，以精巧见长。

图 1–37 是中国 2007 年发行的清皇陵建筑邮票，图案分别为昭陵、孝陵、泰陵。

图 1–36

图 1-37

清代皇家陵寝继承了明代皇家陵寝的形制，融入了清朝入关前陵寝的建筑特色。陵区建筑从南到北主要依次为石牌坊、大红门、神功圣德碑楼（大碑楼）和华表、神道石象生群、龙凤门、石孔桥、神道碑亭（小碑楼）、隆恩门、隆恩殿、内红门、二柱门、方城明楼、地宫、宝顶宝城。

昭陵又称北陵，在辽宁沈阳市区北郊，为清太宗皇太极和孝端文皇后的陵寝。是关外清代三陵（其余两陵为福陵和永陵）中，规模最大和最完整的一座。北为城堡式方城，是陵园主体建筑。

清东陵位于河北省遵化县马兰峪昌瑞山下，是清朝入关以后营建的一组规模最大、体系较完整的帝王陵墓群。始建于顺治十八年（1661），有顺治的孝陵，康熙的景陵，乾隆的裕陵，咸丰的定陵和同治的惠陵。

清西陵位于河北省易县永宁山下，易水河边。陵区广阔，松柏环绕，是清朝在关内修建的第二个规模宏大、体系较完整的帝后陵寝群。有雍正的泰陵，嘉庆的昌陵，道光的慕陵，光绪的崇陵。

图 1-38 是中国 2002 年发行的丽江古城邮票，图案分别为四方街、古城清流、纳西民居。

1997 年，云南丽江古城被列为世界文化遗产。地处云南西北部的丽江古城散发着古老神秘、底蕴丰厚的纳西族东巴文化魅力。

水是丽江古城的灵魂。城内主街傍河，小巷临渠，道路随着水渠的曲直而延伸，房屋就着地势的高低而组合。丽江的“桥”风情万种，极有魅力。四方街为古城集市的代表，“木楞房”是丽江一带纳西族民居的原始形态。这是一

图 1–38

种木结构房屋，四壁由削过皮的原木纵横迭架、垒制，屋顶上覆以木板而成。这种合院形式的纳西传统民居，分为正房、厢房（经堂）、花楼、门楼（草楼），形成三坊一照壁、四合五天井、一进两院的基本格式。

图 1–39 是中国 1997 年发行的五台古刹邮票，图案分别为台怀镇寺庙群、南禅寺大殿、佛光寺东大殿、显通寺铜殿。

五台山是中国四大佛教名山之一，在山西五台县东北隅。五峰高耸，峰顶平坦宽阔，如垒土之台，故称五台，五峰之外称台外。现存台内寺庙 39 座，台外寺庙 8 座。

显通寺在五台山台怀镇北侧。寺宇面积 8 万平方米，各种建筑 400 余间，中轴线殿宇七座，无一雷同。两厢配殿严整齐备，其中铜殿三间，铸造精巧，柱额花纹，格扇棂花，全以铜铸钩勒而成。铜塔两座，高 8 米，形制秀美。

南禅寺大殿在五台县城西南 22 千米李家庄西侧。创建年代不详，大殿平梁下保存有墨书题记，足证重建于唐建中三年（782），是我国现存最古的唐代

图 1-39

木构建筑。大殿面宽进深各三间，单檐歇山式屋顶，殿前有宽敞的月台，柱上安有雄健的斗拱，承托屋檐，殿内无柱，四椽通达前后檐柱之外，梁架结构简练，屋顶举折平缓。

佛光寺在五台县城东北 32 千米佛光山腰。创建于北魏孝文帝时期（471—499）。寺因势建造，殿阁巍峨，高低错落。山腰的东大殿，于唐大中十一年（857）在弥勒大阁旧址上重建。殿前基址甚高，有片石砌筑，其上筑以台基。殿身面宽七间，进深四间，单檐四阿顶形制。殿内外柱上有古朴的斗拱承托上部梁架和深远翼出的屋檐。殿内天花板将梁架分为明栿（露明梁架）和草栿（隐蔽梁枋）两部分。梁枋嵌削规整，结构精巧。殿顶全用板瓦仰俯铺盖，脊兽全为黄绿色琉璃艺术品，一对高大的琉璃鸱吻矗立在正脊两端。佛光寺东大殿是我国古代建筑中的杰作。

二

欧洲经典建筑气象万千

气派庄严、风格各异的建筑物表明，欧洲人拥有广阔的思维空间，而且非常注重创造，在他们的生活中，艺术和信仰总是占据着最大的比重。因此，宫殿、古堡、教堂、歌剧院、博物馆等成为欧洲土地上最动人的地方。

1. 古朴典雅的宫殿

英国首都伦敦有 2000 多年的悠久历史，名胜古迹众多，拥有许多世界一流的著名建筑。其中的汉普敦皇宫、亚历山大宫都是举世闻名的宫殿，其建筑规模和风格体现了英国王室的文化传统与艺术追求，成为欧洲宫殿建筑的典型之一。

图 2–1 是英国 1978 年发行的伦敦汉普敦皇宫邮票，1990 年发行的伦敦亚历山大宫邮票。

汉普敦皇宫距伦敦约 23 千米，由英国大法官、红衣大主教沃尔西于 1515 年所建。王宫内部有 1280 个房间，是当时英国最华丽的建筑。后来沃尔西因为富倾公侯，引起国王不满，1526 年他将宫殿送给国王亨利八世。亨利八世和安宝琳进住

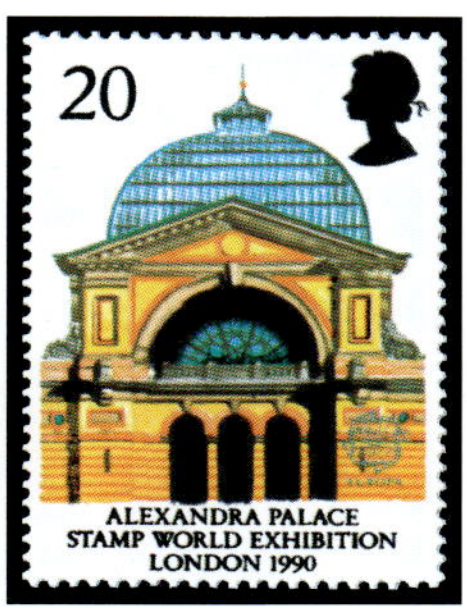

图 2–1

此宫并开始扩建。威廉三世和其妻玛丽曾聘请英、荷两国的建筑师进行重修。1838 年维多利亚女王正式将此宫开放供大众参观。

汉普顿宫有“英国的凡尔赛宫”之称。进入红砖墙的正面大门，迎面的是安宝琳王妃门，门上有一座颜色罕见的大时钟，是亨利八世所赠。宫殿非常宏伟，装饰豪华，其中有文艺复兴时期的绘画展览室，亨利八世的起居室，威廉三世的起居室，王后的起居室等。在宫殿的四周有占地 24 公顷的大花园，是典型的西方园林。

图 2-2

伦敦亚历山大宫是英国女王的一座行宫，位于伦敦北面的山坡上，从亚历山大宫可以俯瞰全城的风景。现在这里已经改建成一个展览和娱乐场所。

图 2-2 是英国 1978 年发行的爱丁堡霍利伍德宫邮票。

图 2-3

德国德累斯顿的莫里茨堡宫是奥古斯特热衷于举行狩猎庆宴的场所。从 1721 年起开始改建，奥古斯特曾把此地以罗马狩猎女神狄安娜的名字命名为“狄安娜堡”。

图 2-3 是民主德国 1968 年发行的德累斯顿的莫里茨堡宫（20Pf）、波茨坦的无忧宫新宫（30Pf）、1962 年发行的莱比锡市格利泽宫邮票。

图 2-4 是中国与德国 1998 年联合发行的维尔茨堡宫邮票。

卢森堡宫是法国参议院院址，位于巴黎市中心。原是法王亨利四世遗孀玛丽·德·美第奇王后的寝宫，1615 年兴建。拿破仑曾在此创立参议院，并宣告法兰西帝国的诞生。整个宫殿建筑像一座对称严谨的四合院。中央的圆顶建筑由 4 座角楼衬托，气派庄严、富丽。

爱丽舍宫是法兰西共和国总统府所在地，是一座用大石块砌成的两层楼建筑，1720 年建成。主楼左右对称的两翼是两座平台，中间环抱着庭院。宫内厅室墙壁都用镀金细木装饰，墙上挂着著名油画或精致挂毯。室内陈设 17 ～ 18 世纪各朝代镀金雕刻家具约 2000 件，名贵挂毯 200 幅、130 只精制座钟以及大量珍贵艺术品，宛如一座博物馆。1793 年在法国大革命浪潮中被没收为公产，取名爱丽舍，意思是“天国的乐土”。1848 年拿破仑三世上台，决定把爱丽舍宫改为王宫。

图 2–4

图 2–5 是法国 1946 年发行的卢森堡宫邮票，1957 年发行的巴黎爱丽舍宫邮票，1966 年发行的莱伊的圣日尔曼宫邮票。

图 2–5

卢浮宫是法国最大的王宫建筑之一，现为国立美术博物馆所在地。1201 年菲利普二世开始兴建，最初只是一座存放王室档案和珍宝的碉堡。经查理五世到路易十四，历时 5 个世纪的一再改扩建，成为气势雄伟的宫殿建筑群。至 1857 年拿破仑三世在位时期全部工程才告完成。在口字形正殿西侧，伸展出两个侧厅，中间空地形成卡鲁赛广场。宫的东面还有长列柱廊，建筑巍峨壮丽。从 16 世纪初叶起，弗朗索瓦一世开始在这里收藏美术珍品，现在藏品多达 40 万件。

图 2–6 是中国与法国 1998 年联合发行的巴黎卢浮宫邮票。

图 2–6

图 2–7 分别是奥地利 1982 年发行的地拉克森堡王宫邮票；苏联 1981 年发行的维也纳霍夫堡宫邮票。

卡塞塔王宫是由意大利著名建筑师卢吉 · 范维

图 2-7

特利为波旁王朝的查理王子建造。1752 年开始动工，1774 年最后建成。王宫长 247 米，宽 184 米，高 41 米，共有五层，平面成“田”字形。除楼房外，王宫还包括四个 72 米长、52 米宽的庭院，宫门前是大广场。宫内的 1200 个厅室布置非常讲究、豪华。宫中还建有礼拜厅和宫廷剧院。

图 2-8 分别是意大利 1973 年发行的卡塞塔王宫的阶梯、法纳塞宫邮票；比利时 1975 年发行的意大利威尼斯的佩萨洛宫邮票。

图 2-9 分别是摩纳哥 1960 年发行的兰尼埃三世亲王王宫中的荣誉殿邮票；西班牙 1983 年发行的塞维利亚宫殿内壁邮票。

图 2-10 分别是南斯拉夫 1967 年发行的马其顿斯科普里 15 世纪土耳其统治时期建造的宫殿邮票；

图 2-8

图 2-9

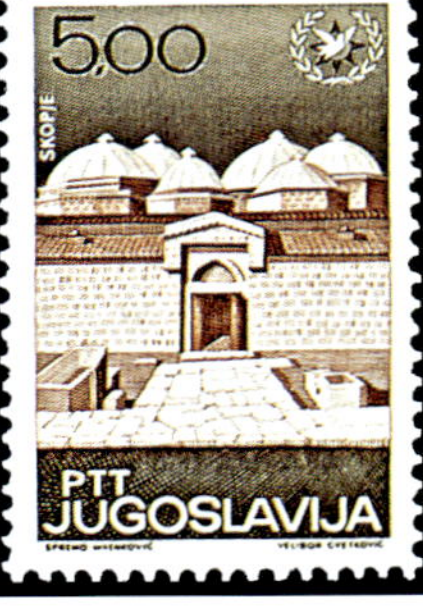

图 2-10

克罗地亚 1992 年发行的杜布罗维尼克的雷克托尔宫邮票。

比利时王国位于欧洲西部，地处欧洲的中心地带，被称为“欧洲的心脏”。首都布鲁塞尔是一个国际大都市，这里有许多重要的欧洲国际组织机构，因而被称为“欧洲的首都”。布鲁塞尔繁华气派的古典建筑保留着中世纪风貌，其中巴洛克风格的王宫建筑更是引人瞩目。

图 2–11 是比利时 1971 年发行的布鲁塞尔的阿特尔宫（3.5+1.5f）、布鲁塞尔王宫（10+5f）、埃勒维特宫（7+3f）邮票，1979 年发行的博富尔德水宫邮票。

图 2–11

华沙王宫城堡是波兰故宫，位于华沙古城堡广场东侧，濒临维斯瓦河畔。平面呈五边形，内有庭院，外有花园。13 世纪末至 14 世纪由玛佐维亚大公创建。1569 年奥古斯特·西基斯蒙德将这座哥特式城堡改建为文艺复兴式宅邸。自 1596 年首都由克拉科夫迁至华沙后，城堡再次扩展。1741 ～ 1746 年城堡正面改为格可可式。它长期成为君王居住之地，后曾为国会所在地。1922 年起是波兰总统府。1944 年被纳粹炸毁。1971 年起又按原样重建，宫内一些大厅辟为博物馆。

图 2–12 是波兰 1972 年发行的华沙王宫城堡邮票，1987 年发行的华沙西格斯蒙德·萨里王宫邮票。

图 2–12

图 2–13

图 2–13 分别是苏联 1990 年发行的阿塞拜疆巴库的希尔万宫邮票；白俄罗斯 1992 年发行的 16 ～ 19 世纪的纳斯维西宫邮票。

2. 雄风犹存的古堡

伦敦塔是英国伦敦著名古迹，位于泰晤士河北岸，原为保卫和控制整个伦敦城而建，占地约 7.3 万平方米。经过历代君主的扩建和修整，整个建筑群反映了英国不同朝代的建筑风格。从始建起的 9 个世纪以来，曾作过堡垒、王宫、监狱、皇家铸币厂和伦敦档案馆，现在是王冠、王袍、兵器和盔甲陈列馆。塔内最古老的建筑是白塔，也称大塔或中央要塞，为 1078 年威廉一世时开始兴建，1097 年威廉二世时建成。白塔位于伦敦塔中心，是一座诺曼第式建筑，高 3 层，四角建有塔楼。除了东北角塔楼为圆形外，其他 3 个塔楼都呈方形。白塔四周有内外两层的多座防御性建筑，作为内层防御的是 13 个塔，其中以威克菲塔、血塔、比彻姆塔最有名。作为外层防御的有中塔、井塔等 6 个塔和 2 个棱堡。最外层的四周凿有护城壕。作为监狱，这里曾关押过英国历史上不少王公贵族和政界名人。白塔内的圣约翰教堂是伦敦现存教堂中最古老的一座，整个教堂按典型诺曼第式结构修筑。伦敦塔内的皇家珍宝馆主要展出 17 世纪以来的国宝。兵器馆展出历代皇族所使用的各种武器、盔甲和战袍等。

图 2–14

图 2–14 是英国 1978 年发行的伦敦塔、威尔士的卡那封城堡邮票。

英国卡那封城堡位于北威尔士的中心。卡那封城堡是爱德华一世征服威尔士的标志，爱德华一世国王于 1283 年为显示其权威而建。这座城堡与其他大型城堡外观明显不同。它的塔楼是多边形而非圆形，城墙上有非常明显的图形结构，带有不同颜色石头的条带。卡那封城堡是欧洲中世纪最大的城堡之一，代表着中世纪城堡建筑技术的最高水平。

图 2-15

图 2-16

图 2-15 是希腊 1942 年发行的布尔兹要塞、伊拉克里翁港城堡邮票。

希腊罗德岛在爱琴海东南部，为希腊第二大岛，有“地中海之珠”之誉。岛北的罗德市分新旧两区，旧城原系一座建于 15 世纪的城堡，城堡四周城墙包绕，城内满布古老建筑，至今还在使用。

图 2-16 是希腊 1988 年发行的亚历山德鲁波利斯灯塔、埃尔穆波利斯劳工中心、罗德岛骑士堡垒、雅典卫城邮票。

法国昂布瓦斯城堡是 15 ～ 16 世纪文艺复兴时期在卢瓦尔河谷地区为法国国王建造的城堡之一。

图 2-17 是法国 1963 年发行的昂布瓦斯城堡（30c）邮票、1957 年发行的圣雷米遗址（50f）邮票，1958 年发行的福瓦克斯城堡（15f）邮票，1961 年发行的城恩城景（20c）邮票。

富热尔城堡位于法国小镇富热尔城比耶夫尔河畔。城中的主路环绕着这座 15 世纪的城堡，瞭望塔

图 2-17

图 2-18

图 2-19

上的窗户、城堡的石板屋顶都具有传统的法国城堡建筑特色。

图 2-18 是法国 1960 年发行的富热尔城堡（30c）邮票，1961 年发行的絮利城堡（45c）邮票、加莱城堡（85c）邮票，1962 年发行的赖伐尔城堡（20c）邮票。

瓦尔特堡坐落在德国图林根州阿尔卑斯山北部余脉的瓦尔特，是一座几乎没有遭到破坏的中世纪城堡。这座城堡建于 1067 年，1170 年最后完工，无论是建筑材料、建筑规模还是城堡内的设施都是首屈一指的。瓦尔特堡也是德国的世界遗产之一。

图 2-19 是民主德国 1966 年发行的瓦尔特堡东侧望楼和防御城墙邮票，瓦尔特堡伯爵的宫殿邮票。

图 2-20 是民主德国 1984 年发行的法尔肯泽堡（10pf）邮票，克利伯斯坦堡（20pf）邮票，拉尼斯堡（35pf）邮票，诺因比格堡（80pf）邮票。

图 2-20

那不勒斯位于意大利坎佩尼亚地区，罗马西南185千米处，建于公元前5世纪，历史上是文化、工业和港口中心。那不勒斯的昂乔伊诺城堡是希腊的库马在一次海战后所建。这次海战使伊特鲁里亚想统治第勒尼安海的企图未能得逞。

图 2–21

图 2–21 是意大利 1978 年发行的那不勒斯的昂乔伊诺城堡邮票，1980 年发行的特兰托的罗韦雷托堡邮票。

图 2–22 是圣马力诺 1969 年发行的 14 世纪锡埃那城堡邮票，1970 年发行的 11 世纪罗卡古堡邮票。

图 2–22

欧洲中世纪的城堡，作为兼具生活居住和防御要塞功能的重要设施，其建筑构造非常独特。大多数城堡建筑在高地、台地，甚至山顶、海边，有的城堡三面为几十米高的断崖，一面为人工堑壕。主体建筑有高塔和城墙，高二三十米，内部有三层，想要进入城堡必须经过楼梯和吊桥等。从城堡内部的楼梯可直达城墙顶部，防御者可以高塔为据点，在城墙顶部自由移动。城堡的外墙为石砌，厚达数米，设有屋顶炮台。除四角的高塔外，城堡还有突出的墙垛以增强防御，墙面上设置有很多射孔，其防卫能力很强。有的大型城堡内的建筑依城墙而建，面对中央内庭，其中包括教堂、大厅以及一些供日常生活用的房间，相当舒适奢华。有的城堡更多的是作为贵族的离宫。

图 2–23 是法国 1964 年发行的普罗马的凯撒城堡邮票，1972 年发行的莫尔旺的巴索谢城堡邮票，1978 年发行的埃斯格贝克城堡邮票。

图 2–24 是波兰 1954 年发行的革但斯克城堡（45g）邮票，托伦城堡（60g）邮票，马林城堡（1.4z）邮票，奥尔什丁城堡（1.55z）邮票。

图 2-23

图 2-24

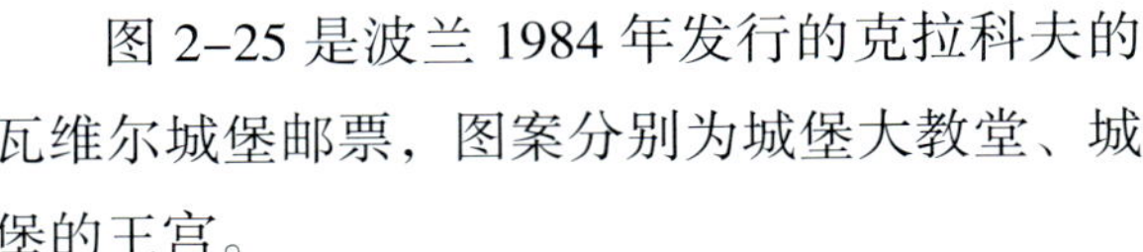

图 2-25 是波兰 1984 年发行的克拉科夫的瓦维尔城堡邮票，图案分别为城堡大教堂、城堡的王宫。

尼什是南斯拉夫古城，塞尔维亚共和国第二大城，位于东部南摩拉瓦河支流尼沙瓦河畔，扼欧洲国际公路和铁路运输枢纽。公元 2 世纪初见于史籍，历来是军事、交通和贸易重镇。曾受土耳其统治近 500 年，为土耳其在巴尔干的军事重镇。

早期的城堡阴冷、潮湿，风很大，所谓的窗户只是一个窗洞，没有什么遮蔽物，城堡内的石头地面上长满了灯心草。入夜，贵族、领主回到自己的房间休息，其他所有的人都躺在

图 2-25

图 2-26

室内的地上，靠近生火的地方休息。欧洲中世纪的城堡内白天熙熙攘攘，夜里一片漆黑。

图 2-26 分别是南斯拉夫 1967 年发行的土耳其统治时期建造的尼什城堡南门；克罗地亚 1992 年发行的沃克瓦尔的埃兹伯爵城堡、伊洛克的法兰西斯卡教堂和城堡城墙邮票。

中世纪，在从欧洲到中东的广袤大地上，到处是雄伟巨大的城堡，一座座城堡首尾相接，像一条超级铁链，把征服者占领的土地连成一片，装点着中世纪的景致。

城堡的墙壁要足够厚、足够结实才行，否则就经不起敌人用石弩进攻，或是通过挖城墙的办法发起的进攻。随着火药的应用，大炮和置于城墙孔中的桶装火药在进攻中发挥奇效，使再厚、再结实的城墙也不堪一击。新式武器最终在 16 世纪给城堡时代画上了句号。

图 2-27 分别是捷克 1982 年发行的克日沃克拉特城堡邮票，尼特拉城堡邮票；白俄罗斯 1992 年发行的 12 世纪卡门涅茨碉堡邮票，16 世纪和平宫堡邮票。

图 2-27

3. 教堂建筑风采

教堂亦称“礼拜堂”，是基督教举行宗教仪式的建筑物。公元 4 世纪基督教成为罗马帝国国教后，始建造教堂。最早的教堂多由宫殿改建或仿照宫殿式样建造，11 世纪有罗马式教堂，12 世纪有哥特式，15 世纪又有文艺复兴式，东正教和其他东方教会还有拜占庭式等。

图 2–28

基督教是奉耶稣基督为救世主之各教派的统称。包括天主教、正教、新教和其他一些较小的教派，与佛教、伊斯兰教并称为世界三大宗教。公元 1 世纪起源于巴勒斯坦，逐渐流传至罗马帝国全境。天主教亦称“公教”。基督教分化为东西两派后，东派以希腊语地区为主。西派以拉丁语地区为主，教会以罗马为中心，即天主教，信奉天主和耶稣基督，并尊玛利亚为天主之母。

图 2–28 是联邦德国 1977 年发行的乌尔姆大教堂 600 周年邮票。

图 2–29

乌尔姆大教堂是哥特式明斯特教堂，初建于 1377 年。中堂为 3 廊式，圣堂相当狭小，在结构上采用“飞券 + 扶壁”的传力系统。一层拱廊上部有大面积的无装饰墙面。西立面中间有一座钟塔，高达 161 米，是世界上最高的教堂钟塔。这种建筑造型，无论是在外部形象还是在内部空间上都强调了上升性，传达一种高峻而冷漠的感觉。

图 2–29 是俄罗斯 1994 年发行的英国约克大教堂邮票，希腊雅典大教堂邮票，丹麦罗斯基大教堂邮票，西班牙塞维利亚大教堂邮票。

图 2–30

图 2–30 是西班牙 1983 年发行的赫罗纳立佛亚教堂与城堡（3p）邮票、巴塞罗那圣玛丽亚教堂（6P）邮票、西属摩洛哥休达的大教堂（16p）邮票、西属摩洛哥梅利利亚城堡门（38p）邮票。

图 2–31 分别是圣马力诺 1957 年发行的马格林教堂邮票，摩纳哥 1968 年发行的圣·尼古拉教堂邮票，比利时 1968 年发行的利瑟丰赫教堂邮票。

东正教自称信仰正统的基督教教义。在拜占庭帝国时期是帝国的国家教会，直接受教皇领导。新教亦称“更正教”、“耶稣教”，因不承认罗马主教的教皇地位，故在西方一般称“抗罗宗”。

图 2–32 是苏联 1990 年发行的白俄罗斯波洛茨克·叶夫罗西尼亚救世主修道院·索菲亚大教堂、立陶宛维尔纽斯大教堂、亚美尼亚阿赫巴特·恩沙纳主教堂、拉脱维亚里加·圣彼得大教堂、爱沙尼亚塔林·尼古拉大教堂邮票。

图 2–33 是白俄罗斯 1992 年发行的 12 世纪鲍里斯格列勃教堂邮票，12 世纪叶夫罗西尼亚教堂邮票，加尔文教堂邮票。

图 2–31

图 2-32

图 2-34 是比利时 1984 年发行的蒂尔特的圣马丁教堂邮票，1975 年发行的纳穆尔的圣罗普教堂邮票，1978 年发行的布鲁塞尔的犹太教堂内的圣物柜邮票。

巴黎圣母院是世界驰名的法国天主教堂，坐落在塞纳河中的城岛上。1163 年，教皇亚历山大和法王路易七世共同主持奠基，1345 年基本落成，历时近 200 年。几个世纪内，屡经战火，破败不堪。后重新设计修建，于 1864 年重新开放。是一座典型的哥特式教堂，开欧洲建筑史上一代新风。整个建筑用石头砌成，所有屋顶、塔楼、扶壁等的顶端都用尖塔作装饰，拱顶轻，空间大，一反教堂建筑那种拱壁厚重、空间狭小之弊。圣母院正面是立方形，棱角分明，共分 3 层。最底层是并排 3 个桃形门洞，绕门洞的弧形由几长串浮雕组成，浮雕或表现圣经故事，或表现地狱景象。左门

图 2-33

图 2-34

为“圣母门”，中柱雕有圣母圣婴像，拱肩画面表现圣母的经历。右门为“圣安娜门”，中柱雕有 5 世纪巴黎主教圣马赛尔像，拱肩是圣母和两位天使。圣母院正门入内是长方形大教堂，堂内正殿高于两旁的附属结构，一座尖塔兀立屋脊，塔高 90 米，塔上还有一棱形尖顶，顶端是一个细长十字架。堂内大厅长 130 米，宽 50 米，可放千张木制坐椅。堂前祭坛中央供着天使与圣女围绕着殉难后的耶稣大理石雕塑。迴廊、墙壁、门窗布满雕塑、绘画，或用彩色玻璃装饰。

图 2-35

图 2-35 是俄罗斯 1994 年发行的巴黎圣母院邮票。

图 2-36 是法国 1964 年发行的隆尚的圣母教堂、尼奥尔的圣安德烈教堂邮票。

科隆大教堂是德国最大的教堂，又称圣彼得大教堂，是中世纪哥特式建筑艺术的代表作，世界最高的教堂之一，以轻盈、雅致著称于世。位于科隆市中心，莱茵河畔。1248 年卡罗林王朝时期在一座公元 873 年的教堂遗址上开始修建，至 1880 年最后建成。整个建筑全部由磨光石

图 2-36

图 2-37

块砌成，建筑面积约 6000 多平方米。东西长 144.55 米，南北宽 86.25 米。内有 10 个礼拜堂。教堂的中央是两座与门墙连砌在一起的双尖塔，高达 157 米，象两把锋利的宝剑，直插苍穹，大教堂的四周林立着无数座小尖塔。中央大礼拜堂穹顶高达 43.35 米。大教堂四壁上方总数达 1 万多平方米的窗户，全部装上描绘有《圣经》人物的各种彩色玻璃，在阳光照射下，绚丽多彩。教堂的钟楼上装有 5 座响钟，最重的圣彼得钟重 24 吨。

图 2-38

图 2-37 是圣马力诺 1967 年发行的科隆大教堂邮票。

图 2-38 是民主德国 1966 年发行的瓦尔特堡小教堂邮票，1990 年发行的莱比锡市尼古莱教堂邮票。

哥特式教堂早期的窗户是简单的尖窗，后期发展成带有花饰的窗，每一扇窗好似一件独立的艺术品，窗上用彩色玻璃描绘着宗教故事。

圆花窗是哥特式建筑的一个典型特征，它呈圆形，由精致的石花窗格分隔，形似太阳，象征着基督，其中的圆花代表圣母玛利亚。圆花窗在内外看的效果截然不同，从外面看是精细的石花窗格，给人以严格准确、美丽优雅的印象。而在内部，当阳光照射到彩色玻璃时，就形成一幅绚丽斑斓的动人画面。那壮丽辉煌的图案完全吸引着礼拜者的注意力，使他们沉浸在步入天堂的感受之中，仿佛感到救世主的降临。

图 2-39 是匈牙利 1972 年发行的 16 ～ 20 世纪教堂彩色玻璃窗画邮票，图案分别为《缪斯》R. 罗奈（1861—1927）绘（40f）、《犹太法学家》（16 世纪）F. 塞贝斯泰因绘（60f）、《逃往埃及》K. 罗兹（1853—1904）和 B. 斯齐开利

（1835—1910）绘（1ft）、《阿尔巴特王子的使者》彼尔兹绘（1.5ft）、《耶稣降生》L. 兹迪赫罗（1897—1959）绘（2.5ft）。

图 2–39

图 2–40 分别是法国 1966 年发行的巴黎圣·夏佩尔教堂玻璃窗画《犹大的洗礼》邮票；意大利 1976 年发行的巴勒莫的圣多米尼克教堂石膏花饰《坚贞不屈》邮票。

图 2–40

圣彼得教堂是梵蒂冈的教廷教堂，也是全世界最大的天主教堂。在意大利首都罗马西北的梵蒂冈城。1450 年开始兴建，1626 年最后完成。教堂长约 200 米，最宽处 130 多米，上有穹窿大圆屋顶，从地面到大圆屋顶顶尖十字架的高度达 137 米。教堂能容纳 5 万人之众。教堂大厅上的穹窿大圆屋顶，为米开朗琪罗晚年的建筑杰作，直到他去世后 26 年才由其他建筑家继续完成。大圆屋顶直径 42.34 米。抬头仰望，圆顶的内壁顶上有色泽鲜艳的镶嵌画和玻璃窗。圣彼得教堂也是一座艺术宝库——梵蒂冈博物馆。

图 2–41 分别是梵蒂冈 1976 年、俄罗斯 1994 年发行的圣彼得教堂邮票。

图 2–42 是梵蒂冈 1973 年发行的阿朗松教堂、里修克斯大教堂邮票。

图 2-41

图 2-42

图 2-43

图 2-43 是南斯拉夫 1969 年发行的科托尔市 12 世纪天主教堂、特罗吉尔市 13 世纪罗马式风格的圣劳伦兹天主教堂邮票。

图 2-44 是克罗地亚 1992 年发行的高斯彼奇市的玛利亚教堂、希伯涅克的圣亚克布教堂邮票。

图 2-44

修道院是天主教培训神父的学院，中文通常译作神学院。分备修院、小修院、大修院三种。备修院即修院预科，主要学习高中课程，同时选读拉丁文。小修院主科为拉丁文学及其他古典文学，一般为期三年。大修院一般六年制，有经院哲学、圣经学、教会法典、宗教礼仪、神修学、伦理神学和教义神学等课程。

图 2-45 是俄罗斯 2003 年发行的俄罗斯东正教修道院邮票，图案分别为 1314 年圣韦坚斯基·托尔戈斯基修道院、14 ～ 15 世纪圣韦坚斯卡娅·科泽利斯卡娅·奥普季娜修道院、1420 年索洛韦茨基·佐西莫·萨瓦季耶夫斯基主显圣容修道院、1780 年圣特罗伊茨基·谢拉菲莫·基韦耶夫斯基修道院邮票。

图 2-46 是意大利 1980 年发行的半特·阿韦拉纳修道院邮票。

图 2-45

图 2-47 是西班牙 1976 年发行的圣佩德罗 · 德 · 阿尔坎塔拉修道院邮票，图案分别为修道院外貌和内景。

图 2-48 是比利时 1968 年发行的列日布圣劳拉特修道院邮票，1971 年发行的奥瓦尔圣母修道院邮票，1972 年发行的阿尔德内尔修道院邮票。

图 2-46

图 2-47

图 2-48

图 2–49

图 2–49 是比利时 1975 年发行的根特市圣巴封修道院、布鲁日的圣约翰济贫院邮票，1984 年发行的阿维尔博德修道院邮票。

4．永恒的艺术殿堂

欧洲是西方古典音乐的诞生地和根据地。宗教音乐曾主宰过欧洲的音乐生活。文艺复兴运动猛烈冲击了以“神权”为核心的封建文化的禁锢。文艺复兴时期音乐上的一大变革是对宗教音乐的改革，其最大成就是歌剧的诞生。巴洛克歌剧的兴盛始于意大利，并由此涌现在大批杰出的艺术家。18 世纪下半叶，从法国兴起而后遍及欧洲的“启蒙运动”，成就了“维也纳古典乐派”。

几个世纪以来，音乐与建筑始终有着不解之缘。在欧洲各国，音乐建筑成为城市的璀璨明珠，永恒的艺术殿堂。众多造型典雅、富丽唐皇的歌剧院、音乐厅蜚声世界，如同凝固的音乐，谱写着光彩夺目、动人心魄的华美乐章。

图 2–50 是奥地利 1988 年发行的维也纳音乐厅 75 周年邮票。

奥地利位于中欧南部，有人说奥地利的空气中除了那种始终如一的咖啡浓香外，便是音乐的味道了。起源于意大利的歌剧传入奥地利的萨尔茨堡后，很快便在奥地利宫廷占有了重要的地位。维也纳国家歌剧院是维也纳“音乐之都”的主要象征，有“世界歌剧中心”之称。第二次世界大战时，歌剧院被炸得剩下几处断垣残壁。战后重建、整修 10 年，恢复旧观。为罗马式宏伟建筑，前厅和侧厅都用大理石砌成。观众席共有 6 层，可容有座观众 1600 多，

图 2–50

另售第六层楼厢上的站票 567 张。

图 2-51 是奥地利 1955 年发行的维也纳贝格歌剧院和国家歌剧院重新开业邮票，图案分别为贝格歌剧院（1.5s）、国家歌剧院（2.4s）。

图 2-52 是奥地利 1976 年发行的贝格歌剧院 200 周年邮票，图案（从左至右）分别为歌剧院外景、剧院环形庆典用楼梯间。

图 2-53 是奥地利 1985 年、1998 年发行的维也纳轻歌剧院邮票。

图 2-51

斯卡拉歌剧院是意大利最大的歌剧院，也是世界上音响效果最佳的歌剧院之一，位于米兰市中心。该歌剧院前身是大公爵剧院，是当时米兰最大的剧院，不幸于 1776 年在一场火灾中化为灰烬，同年开始重新兴建。第二次世界大战期间剧院遭到轰炸，片瓦无存。战后，意大利政府以当时最高的标准重建。

图 2-52

如今的斯卡拉歌剧院为 3 层楼建筑，正门上方的三角楣上有浮雕，下面的 3 个拱形门道为入口处，中间有阳台。剧场池座面积为 405 平方米，乐池面积为 121 平方米，舞台面积为 780 平方米。舞台深 35 米，宽 26.6 米，高 27.5 米。池座设有座位 678 个。周围有 6 层楼座，一至四层为包厢，每个包厢有 6 个座位，最上面两层为普通楼座，共有 409 个座位，整个剧场内可容纳 3600 多名

图 2-53

图 2-54

观众。厅内雕梁画栋，金碧辉煌。

图 2-54 是意大利 1978 年发行的斯卡拉歌剧院 200 周年邮票，图案分别为歌剧院外景、歌剧院内景。

图 2-55 是摩纳哥 1966 年发行的蒙特卡洛歌剧院邮票。

图 2-55

250 年前，弗里德里克决定为建设柏林及普鲁士王朝的文化中心而兴建弗里德里克花园。在花园的中心地带，弗里德里克下令建造了他的宫廷歌剧院。这便是今日位于柏林老城中心的德国国家歌剧院。

图 2-56 分别是民主德国 1955 年、西柏林 1980 年发行的德国国家歌剧院邮票。

图 2-57 是西柏林 1965 年发行的柏林德意志歌剧院邮票。该剧院初建于 1912 年，是当时世界上最大的歌剧院。

图 2-58 是民主德国 1985 年发行的德累斯顿大歌剧院小型张，邮票图案为战后重建的歌剧院全景。该剧院原称森帕尔歌剧院，小型张下方边纸图案为该剧院 1945 年 2 月的全景。

图 2-59 是德国 1998 年发行的拜罗特歌剧院邮票。

莫斯科大剧院 1776 年在兹纳明卡街创建，当时称梅多克斯剧院。1780 年改在彼得罗夫大街建立了石造剧院，称彼堡罗夫剧院。1805 年剧院被焚毁。

图 2-56

图 2-57

图 2-58

图 2-59

1824 年原址修建新剧院，称大彼得罗夫剧院。1853 年又遭火灾，1855 ～ 1856 年重新修复，是欧洲最大的剧院之一。1919 年起为国立示范大剧院。剧院建筑雄伟壮丽，内部设备完美，具有极佳的音响效果。观赏大厅有 5 层，可容纳观众 2000 余人。

图 2-60 是苏联 1951 年、1965 年发行的莫斯科大剧院邮票，1954 年发行的基辅国立谢甫琴科歌剧院邮票。

图 2-61 是苏联 1981 年发行的列宁格勒普希金剧院 225 周年、列宁格勒国立基洛夫歌舞剧院 200 周年邮票。这两个剧院分别荣膺劳动红旗勋章、列宁勋章。

图 2-62 分别是罗马尼亚 1959 年发行的

图 2-60

图 2-61

图 2-62

布加勒斯特歌剧院邮票；波兰 1983 年发行的华沙歌剧院邮票。

图 2-63 是匈牙利 1984 年发行的布达佩斯歌剧院 100 周年邮票，图案分别为剧院大厅、剧院包厢，剧院外景（小型张）。

捷克首都有两座歌剧院，一座是布拉格歌剧院，一座是布拉格民族剧院。早在 18 世纪末，奥匈帝国哈布斯堡王朝的统治者不准当时在其统治下的布拉格剧院里用捷克语演出，捷克艺术家们就在现在民族剧院的地址上，用木板搭起一个简陋的剧院，用自己的语言演出。1850 年，由爱国知识分子发起，成立了“民族剧院筹备委员会”，着手筹备资金。1868 年，用从摩拉维亚、波西米亚等地运来、象征胡斯和日什卡等民族英雄的 7 块岩石，为剧院奠基。1881 年剧院建成，不久被大火烧毁，复募捐重修，于 1883 年正式开幕。这是一座文艺复兴式建筑，其金色方顶闪闪发光，方顶四周的雕刻千姿百态。正门上方，镌刻着“民族，自己靠自己”的格言。

图 2-63

图 2-64

图 2-64 分别是波西米亚 · 摩拉维亚 1941 年发行的布拉格歌剧院邮票；捷克 1983 年发行的布拉格民族剧院百年邮票，图案分别为民族剧院和图尔剧院。

科隆大剧院是阿根廷著名剧院，仅次于纽约大都会歌剧院和米兰的拉 · 斯卡拉剧院，名列世界第三。位于首都布宜诺斯艾利斯市内。1889 年始建，由名建筑师弗朗西斯科 · 塔布里尼设计，1908 年建成。剧院有文艺复兴时期的意大利建筑风格和内部设施，又有德国建筑宏伟坚固和法国建筑装饰优美大方的特征。剧场大厅呈马蹄形，面积 7050 平方米，有 7 层观众席，共 2487 个座位。厅内有世界最大的舞台，长 35.25 米，深 34.5 米。大厅穹顶有阿根廷著名画家拉乌尔 · 索尔迪画的 51 幅有关音乐舞蹈的绘画。剧院内设有音乐、舞蹈、舞台设计等专科学校，还有戏剧图书馆、音乐档案馆、声乐艺术博物馆、古老乐器博物馆等。

图 2-65

图 2-65 分别是阿根廷 1983 年发行的科隆歌剧院前厅、剧场邮票；美国 1983 年发行的大都会歌剧院邮票；

埃及 1969 年发行的开罗歌剧院邮票。

澳大利亚 1973 年建成的悉尼歌剧院，外观为三组巨大的壳片，耸立在南北长 186 米、东西最宽处为 97 米的现浇钢筋混凝土结构的基座上。第一组壳片在地段西侧，四对壳片成串排列，三对朝北，一对朝南，内部是大音乐厅。第二组在地段东侧，与第一组大致平行，形式相同而规模略小，内部是歌剧厅。第三组在它们的西南方，规模最小，由两对壳片组成，里面是餐厅。整个建筑群远远望去，既像竖立着的贝壳，又像两艘巨型白色帆船，飘扬在蔚蓝色的海面上，故有“船帆屋顶剧院”之称。

图 2-66

图 2-66 是澳大利亚 2000 年发行的悉尼歌剧院邮票。

图 2-67 分别是朝鲜 1960 年发行的平壤大剧院邮票；日本 1966 年发行的国立剧场邮票，1984 年发行的日本国立文乐剧场邮票。

图 2-67

5. 富丽堂皇的俄罗斯建筑

俄罗斯联邦位于欧亚大陆北部，横跨东欧和北亚大部分地区，是世界上面积最大的国家，拥有众多享誉世界的著名古建筑。

首都莫斯科的红场面积 9.1 万平方米，原名“托尔格”，意为“集市”，周围有许多著名的建筑物。坐落于莫斯科湖北岸的克里姆林宫，曾是俄国历代沙皇的宫殿，沿墙耸立着 20 余座精美的塔楼，宫内建筑金碧辉煌，气势磅礴。巍峨壮观的瓦西里·勃拉仁内大教堂成为俄罗斯传统建筑艺术的杰出代表，其葱头式屋顶是俄罗斯建筑最具特色的魅力所在。

图 2–68 是苏联 1987 年发行的《阳光照耀下的红场》小型张。

图 2–68

图 2–69 是俄罗斯 1992 年发行的克里姆林宫圣母安息大教堂邮票，大天使大教堂邮票，多棱宫邮票，置御衣教堂邮票，捷列姆诺伊宫邮票。

克里姆林宫曾是俄国历代沙皇的宫殿，南临莫斯科河，东临红场，呈不等边三角形，面积 27.5 万平方米。克里姆林，俄语意为“内城”。始建于 1156 年，原为苏兹达里大公爵尤里 · 多尔哥鲁基的庄园，有木造小城堡。1367 年在城堡原址上修建白石墙，随后又在城墙周围建塔楼。几经修建和扩建，克里姆林宫的雉堞朱墙，蜿蜒伸展至莫斯科河畔。20 座塔楼分布在三角形宫墙的三边，有高有矮，或圆或方，或多棱或多边，争奇斗巧。其中斯巴斯克塔、尼古拉塔、特罗伊茨克塔、鲍罗维茨塔和沃多夫塔等五座塔楼尖顶各装有大小不一的红宝石五角星，红光闪闪。

克里姆林宫宫墙内的多棱宫，1487 ～ 1491 年建造，因其外墙用多棱白石所砌而得名。彼得大帝前历代俄皇的宝座设置于此，是举行庆功盛典、接见外国使臣的殿堂。二楼主厅约 500 平方米，大厅正中有巨柱往上伸出四棱柱支撑各圆顶，圆顶上绘有 16 世纪

图 2–69

图 2–70

图 2–71

末的壁画。门厅上有一密室，室中有小窗开向正厅，供皇室妇女在此观看各种盛典。捷列姆诺伊宫是沙皇和王公们的住处。多棱宫后面是俄皇举行加冕大典或隆重礼拜的圣母升天大教堂，其西有报喜教堂，其南有天使大教堂，此教堂是彼得大帝以前莫斯科历代帝王的墓地。

图 2–70 是苏联 1947 年发行的大克里姆林宫、克里姆林宫别克列米舍夫塔邮票。图 2–71 是苏联 1946 年发行的米宁和波扎尔斯基纪念碑邮票，背景为克里姆林宫斯巴斯克塔楼。

81 米高的伊凡大钟塔是克里姆林宫中最高建筑物，建于 1505 ～ 1508 年，原为三层，1600 年增为五层，冠以金顶。从第三层往上逐渐狭小，外貌呈八面棱体层叠状，每一棱面有拱形窗，窗口有自鸣钟。1532 ～ 1543 年，在其北又建四层立方体钟塔楼，在第二层放置大主教圣物。1624 年复在北钟塔楼之北用白石修建菲拉特烈特钟塔楼，现在将其下层用作克里姆林宫博物馆。所有钟塔楼共有大钟 21 座，小钟 30 多座。钟塔楼外是“钟王”古迹，相邻不远处是“炮王”古迹。克里姆林宫北角有古兵工厂，现为兵器陈列馆。克里姆林宫的西角是武器宫，现为武器博物馆。

图 2–72 是苏联 1967 年发行的克里姆林宫兵器陈列馆、警备要塞和圣三位一体塔楼（4K）、圣母升天大教堂（6K）、警钟楼和斯巴斯克塔楼（10K）、伊凡大帝钟楼（12K）、库塔夫塔楼和圣三位一体塔楼（16K）邮票。

图 2–73 是苏联 1971 年发行的克里姆林宫小型张，边纸图案为用于防御作战的塔楼。

莫斯科红场上的瓦西里 · 勃拉仁内大教堂又称鲍克罗夫大教堂。1555 ～ 1561 年为纪念喀山公国和阿斯特拉罕合并于俄罗斯而建造。教堂结构别具一格，由 9 座教堂巧妙地结合在一起，中间高高隆起的一座略大，周围 8

座略小，且层次分明，错落相连，如众星拱月，团团围住中央的教堂，构成一组精美的整体。9座教堂均为圆顶塔楼，最高者从地基到塔尖为47米。每座教堂的圆顶形式各不相同，有肋骨形、螺旋形和棱形，其花纹和色泽也各异，有凸花、凹花，有红、黄、绿多种颜色，各放异彩。教堂内的平顶天花板，饰有17～18世纪的壁画。教堂现为历史博物馆分馆。

图 2-72

图 2-74 是苏联 1946 年、1947 年、1970 年发行的瓦西里·勃拉仁内大教堂邮票。

图 2-73

圣彼得堡是俄罗斯第二大城市。1703年彼得大帝在涅瓦河三角洲的兔子岛上建立彼得保罗要塞，后扩建为城，称圣彼得堡，为帝俄时代通海门户。1712年俄国首都从莫斯科迁此定都200余年。1914年改称彼得格勒。1924年列宁逝世后，改名列宁格勒。城内的俄罗斯古典建筑群享有盛名，

图 2–74

图 2–75

属于 18 世纪后期的建筑有：斯莫尔尼宫、冬宫，现为中央列宁博物馆列宁格勒分馆的大理石宫，国家杜马旧址所在地的塔弗列奇宫，十月革命后改为日丹诺夫少先宫的阿尼奇科夫宫等。19 世纪初期的建筑有：喀山大教堂，高达 101 米的伊萨克基辅大教堂等。这里还有沙皇离宫彼得宫，巴甫洛夫斯克别墅区，皇宫庭苑所在地加特奇纳，沙皇夏季别墅皇村（今普希金市）等。

图 2–75 是苏联 1986 年发行的列宁格勒的宫殿博物馆邮票小版张，图案分别为国立俄罗斯博物馆（5K）、冬宫・国立埃尔米达日美术博物馆（10K）、彼得宫・大型宫殿博物馆（15K）、普希金市皇村・叶卡捷琳娜宫博物馆（20K）、巴甫洛夫斯克宫殿博物馆（50K）。

普斯科夫是俄罗斯西北部城

市，位于维利卡雅河畔，公元903年建城。严整完美的城市建筑群和内城具有独特风格，内城的宫墙蜿蜒6千米，城内拜占庭式的塔楼、12～15世纪的教堂、修道院等鳞次栉比。1045～1050年仿照基辅索菲亚大教堂式样，在城堡中建诺夫哥罗德索菲亚大教堂。它与基辅索菲亚大教堂相同之处是石结构，具有宽敞的5廊，有5个圆穹顶和圆穹相互交错的主殿堂。不同之处是，它以诺夫哥罗德的建筑风格严谨见称。

图 2–76

图 2–76 是苏联 1971 年发行的普斯科夫内城（3K）、诺夫哥罗德内城（4K）、斯摩棱斯克城堡（6K）、科洛姆内城（10K）、诺夫哥罗德城 750 周年（16K）邮票。

图 2–77 是俄罗斯 2003 年发行的诺夫哥罗德 1030 年尤里耶夫修道院、斯摩棱斯克 1524 年新圣母博戈罗基茨修道院邮票。

图 2–77

6. 意大利、梵蒂冈的喷泉建筑

大约在 4000 年前，古老的亚平宁半岛上就已经有人类居住了，这片土地

是整个欧洲大陆最早出现人类的地方，意大利因此被称作“欧洲文明的摇篮”。公元1世纪，罗马帝国成为整个欧洲的中心，兴起于地中海东岸的基督教则成为罗马帝国的国教。意大利首都罗马被称为“永恒之城”，还有经济之都米兰、艺术之都佛罗伦萨、水上之城威尼斯等，都有着独特的城市风貌，以众多的名胜古迹、精美绝伦的建筑、雕塑艺术品，成为世人所珍视的文化遗产。

文艺复兴建筑15～17世纪流行于欧洲，在造型上，它排斥象征神权至上的哥特建筑风格，提倡复兴古罗马时期的建筑形式，特别是古典柱式比例、半圆形拱券以及以穹窿为中心的建筑形体等。意大利是古罗马文化的直接继承者，保存着大量的带有古典艺术传统的文物和艺术珍品，因而意大利成为欧洲文艺复兴运动的发祥地，特别是集中在佛罗伦萨、罗马和威尼斯。

图2-78是意大利1973年发行的喷泉邮票第一组，图案分别为罗马城的特雷维喷泉、那不勒斯的伊马科拉特拉喷泉、西西里岛巴勒莫的普雷托里亚广场喷泉。

图2-78

梵蒂冈位于意大利首都罗马城西北角，是世界上最小的袖珍国。领土包括圣彼得广场、圣彼得教堂、梵蒂冈博物馆、教皇宫、公园等。梵蒂冈在世界上是一个非常特殊的国家，被称为“国中之国”，只以梵蒂冈城作为国家边界的标志，国家成立于公元756年，后于1870年并入意大利，被承认为属于教皇的主权国家。教皇是世界天主教会的“精神领袖”，同时也是国家的元首，统管梵蒂冈的立法、行政、司法等。

图2-79是梵蒂冈1976年发行的梵蒂冈建筑邮票，图案分别为圣约翰塔前的喷泉（50L）、萨卡门扎喷泉（100L）、梵蒂冈花园入口处喷泉（120L）、阿波斯托利克宫（300L）。

梵蒂冈的圣彼得广场是著名建筑大师贝尔尼尼的杰作，建成用了11年的时间。广场长340米，宽240米，呈椭圆形。地面为黑色石铺成，两侧由半圆形大理石柱廊环抱，共有廊柱300多根。面向广场的每根石柱顶端，各有一尊3.2米高的大理石雕像，他们都是罗马天主教会历史上的殉道者。

图 2-79

图2-80是梵蒂冈1975年发行的欧洲建筑艺术遗址保护年邮票，图案分别为圣彼得广场喷泉（20L）、圣马瑟广场喷泉（40L）、圣埃蒂利教堂喷泉（50L）、贝尔维代尔庭院喷泉（90L）、科学院卡吉诺喷泉（100L）、代拉·加利亚喷泉（200L）。

图 2-80

图 2-81

图 2-81 是意大利 1974 年发行的喷泉邮票第二组，图案分别为波洛尼亚的尼普顿喷泉、佛罗伦萨的奥塞纽斯喷泉、佩鲁贾的马乔里喷泉。

从古罗马到文艺复兴时期的意大利，产生出众多的建筑艺术佳作。作为建筑整体环境一部分的喷泉，是意大利的一个独特标志。成百上千个喷泉点缀在广场上、教堂前、庭院内，精雕细凿，匠心独具。那或自上流下，或喷射而出的水流，增添了城市的动态韵味，活跃了城市的生活气氛。那美妙动听的泉声谱写着城市生活的旋律，仿佛唱着一首轻松欢快的乐曲，使人们回味无穷。

罗马是有 2500 余年历史的古老文化名城，酷似一座巨型的露天历史博物馆。罗马广场（古罗马市场）曾是罗马帝国政治、经济、文化和宗教的活动中心。集中了元老院、法庭、宫殿、教堂及凯旋门等伟大建筑。但多次遭到破坏，并被尘土埋没。直到 18 世纪以后，经过 100 多年的发掘，才重放光彩。罗马的著名古建筑有圣玛丽亚教堂、国家古代艺术博物馆、卡比托利欧广场、新宫、卡拉浴场（露天歌剧场）、万神殿等。意大利和罗马星罗棋布般点缀其间的喷泉建筑，为众多古建筑，增添了艺术品味和历史光彩。

图 2-82 是意大利 1975 年发行的喷泉邮票第三组，图案分别为撒丁岛萨萨里的罗塞洛喷泉、阿奎拉的 99 孔喷泉、米兰的广场喷泉。

图 2-83 是意大利 1976 年发行的喷泉邮票第四组，图案分别为加利波利的古喷泉、维罗纳的圣母喷泉、热那亚市多里宫中的西尔维奥 · 科西尼喷泉。

图 2-84 是意大利 1977 年发行的喷泉邮票第五组，图案分别为戈里齐亚的帕卡西喷泉、伊泽尼亚的弗拉特纳喷泉、帕尔米的棕榈喷泉。

意大利佛罗伦萨是文艺复兴的发源地，是达 · 芬奇、米开朗琪罗、但丁等巨匠的故乡。这里拥有众多的博物馆、美术馆、宫殿和教堂，被称为“西方的雅典”。米兰是意大利第二大城市，号称“经济首都”。米兰有世界第三大教堂、国立科学技术博物馆、斯卡拉歌剧院等著名建筑。

图 2-85 是意大利 1978 年发行的喷泉邮票第六组，图案分别为特兰托的海神喷泉、波诺的命运女神喷泉、卢卡尼亚的卡瓦利纳喷泉。

图 2-86 是梵蒂冈 1972 年发行的联合国科教文组织“拯救威尼斯”运动邮票，图案为威尼斯圣马克大教堂。

图 2-82

图 2-83

图 2-84

图 2-85

图 2-86

三

自成一体的中国古建筑

中国是一个具有丰富文化传统的国家。从文化曙光初放的时代起，劳动人民用自己的勤劳和智慧，创造了具有独特风格的古代建筑。从个体建筑、建筑组群，景观园林，到城市规划，很多优秀的作品在世界的建筑历史中占有重要的地位。

1．宫殿、皇家园林建筑

北京故宫位于北京市中心，原名紫禁城，是明清两代的皇宫，共有 24 位皇帝曾在这里居住。紫禁城以其规划严谨的整体布局，巍峨壮丽的宫殿建筑，主次分明的等级制度，灵活多变的空间组合形式，最完美的体现了中国传统文化的博大精深。

图 3–1

图 3–2

紫禁城严格按照“左祖右社”的古代宫殿规制而设计。前面左侧设供奉祖先的太庙，皇帝颁诏天下之前，必先祭告祖先。右侧设社稷坛，以祀土神谷神。紫禁城的总体设计集中体现了中国传统的礼制观念，突出了帝王至高无上的绝对权威。

图 3–1 是中国 1971 年发行的北京天安门邮票。

图 3–2 是中国 1956 年发行的故宫太和殿邮票。

紫禁城除自己的城垣体系之外，更有皇城和外城两重方城层层相围，形成“城中城”之势。一条贯穿紫禁城的中轴线，向南经端门、承天门（天安门）、大明门（中华门）至皇城正门正阳门，直达外城的南门永定门，向北经万岁山（景山）、厚载门（地安门）延至钟楼，全长近8000米，成为贯穿整个北京城的中轴线。

图3–3是中国1985年发行的故宫建院60周年4枚连印邮票。

图3–3

在紫禁城72万平方米的空间内，有近千座建筑，100多座院落。每个院落都是封闭的相对完善的空间，自成体系。它们以南北中轴线为中心，被井然有序地组合成一个有机的整体。巍峨的宫殿，庄严肃穆；疏朗的广庭，韵律天成，殿阁楼亭无不别具匠心。

紫禁城的角楼形式新颖，结构复杂，是巧夺天工的古代建筑杰作。由“九梁十八柱，七十二条脊”所组成，是个美丽的建筑样式。

图3–4是中国与英国2008年联合发行的故宫角楼邮票。

清入关前，其皇宫设在沈阳，迁都北京后，这座皇宫被称作“陪都宫殿”，后称之为沈阳故宫。它是清代皇帝顺治的祖父努尔哈赤和顺治的父亲皇太极的宫殿。始建于后金天命十年（1625），全部建筑有90余所，300多间，占地6万多平方米。

图3–4

它以崇政殿为中心，从大清门到清宁宫为一条中轴线，将故宫分为东、中、西三路。中路为故宫主体，崇政殿（金銮殿）为主体的核心，是皇太极处理朝政之所，配

图 3–5

以飞龙阁、翔凤阁、师善斋、协中斋、日华楼。后面有凤凰楼、清宁宫，还有皇帝妃嫔寝居的东西配宫，以及颐和殿、介祉宫、敬典阁、迪光殿、保极宫等。东路建筑以大政殿为中心，辅以左右翼王亭、八旗亭。大政殿是用来举行大典的地方，十王亭则是左右翼王和八旗大臣办事的地方。

图 3–5 是中国 1996 年发行的沈阳故宫邮票，图案分别为故宫西部、东部。

西藏首府拉萨西北部的红山，在当地信仰藏传佛教的人们心中犹如观音菩萨居住的普陀山，因而藏语称之为布达拉（普陀之意）。布达拉宫就依据此山山势蜿蜒修建，直至山顶。公元 7 世纪，西藏的吐蕃王松赞干布为迎娶唐朝的文成公主，特别在红山之上修建了九层楼宫殿 1000 间。1645 年，五世达赖建立噶丹颇章王朝并开始了重建布达拉宫，历代达赖又相继进行过扩建。布达拉宫主楼有 13 层。

图 3–6 是中国 1952 年发行的西藏布达拉宫全景邮票。

图 3–6

布达拉宫无论是石木交错的建筑方式，还是宫殿本身所蕴藏的文化内涵，都体现着它的独特性。统一花岗石的墙身；木制屋顶及窗檐的外挑起翘设计；全部的铜瓦鎏金装饰以及由经幢、宝瓶、摩羯鱼、金翅鸟做脊饰的点缀，使整座宫殿显得富丽堂皇。

图 3–7 是中国 2001 年发行的青藏铁路开工纪念小型张，边纸图案为布达拉宫及如意宝塔。

颐和园位于北京西北郊，清乾隆年间称为“清漪园”。颐和园总面积达 294 公顷，其中水面占四分之三，园内有古建筑 3000 余间，面积约 7 万平方米。颐和园内的建筑结构皆以自然山水为基础，其建筑形式多模拟江南名胜古迹，因地制宜地创建了众多绚丽恢宏的廊、桥、亭、榭，殿、宇、楼、台。

图 3-7

图 3-8 是中国 2008 年发行的颐和园邮票，图案分别为十七孔桥、长廊、石舫、玉带桥。

图 3-8

万寿山南麓，金黄色琉璃瓦顶的排云殿建筑群自湖岸边的云辉玉宇牌楼起，经排云门、二宫门、排云殿、德辉殿、佛香阁，终至山巅的智慧海，重廊复殿，层叠上升，气势磅礴。巍峨高耸的佛香阁八面三层，踞山面湖，统领全园。昆明湖中，宏

图 3-9

大的十七孔桥如长虹偃月倒映水面。在湖畔岸边，还建有著名的石舫、镇水铜牛、知春亭等点景建筑。

万寿山北麓，地势起伏，仿西藏寺庙建造的建筑群雄伟庄严。山之脚下，清澈的湖水随山形地貌演变为一条舒缓宁静的河流。沿河东游，水尽处为谐趣园。小园环池而筑，游廊相连，厅堂楼榭，精致典雅。

图 3-9 是中国 2008 年发行的颐和园佛香阁小型张。

北京北海位于北京故宫西北部，南临中南海，北接什刹海，是辽、金、元、明、清五个朝代逐渐修建而成的帝王宫苑。北海全园面积 68 公顷，水面积 39 公顷。全园以神话中的“一池三仙山”（太液池、蓬莱、方丈、瀛洲）构思布局，形式独特。琼华岛是全园的中心，东部以佛教建筑为主。北海标志性建筑白塔寺为清顺治八年（1651）所建。白塔为藏式喇嘛塔，高 35.9 米，塔身呈宝瓶形，上部为两层铜质伞盖，顶上设鎏金宝珠塔刹，下筑折角式须弥塔座。

图 3-10 是中国 1956 年发行的北海邮票。

静心斋面积 4700 平方米，原为乾隆帝书苑，称乾隆小花园。后来辟作皇子的书斋。静心斋往西是天王殿。正殿系楠木建筑，这里是翻译和印刷大藏经的地方。天王殿西侧，有座用 424 块七色琉璃砖砌成的九龙壁。建于清乾陵二十一年（1756）。长 25.86 米，高 6.65 米，厚 1.42 米，为中国三座著名的九龙壁中最精美的一座。

图 3-10

图 3-11 是中国 1999 年发行的北海九龙壁小型张。

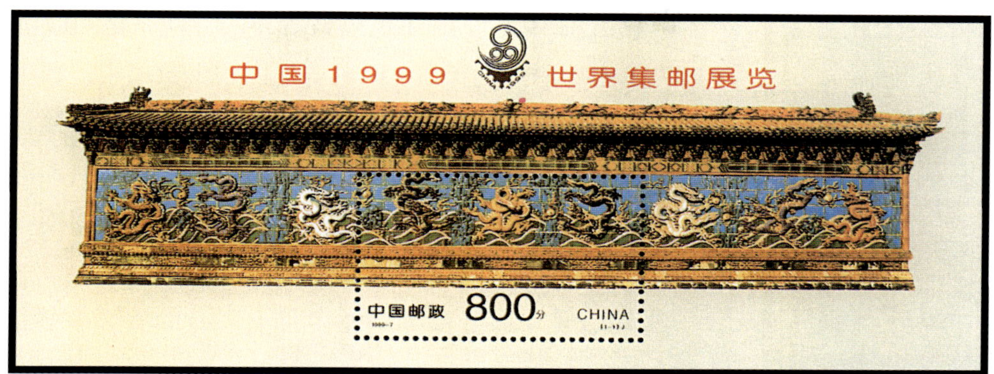

图 3-11

承德避暑山庄，又称“热河行宫”，坐落于河北省承德市以北的狭长谷地上，占地面积584公顷。始建于清康熙四十二年（1703）。宫殿区位于山庄南部，宫室建筑林立，布局严整，是北京紫禁城的缩影。包括正宫、松鹤斋、东宫和万壑松风四组建筑群。苑景区又分湖泊区、平原区和山岳区。湖泊区是山庄风景的重点。被小州屿分隔成形式各异、意趣不同的湖面，用长堤、小桥、曲径纵横相连。建筑采用分散布局之手法，园中有园，每组建筑都形成独立的小天地。山庄72景就有31景在湖区。

图 3-12是中国1999年发行的承德避暑山庄邮票，图案分别为万壑松风、水榭环碧；小型张图案为澄湖叠翠。

图 3-12

图 3–13

避暑山庄周围 12 座建筑风格各异的寺庙，是当时清政府为了团结蒙古、新疆、西藏等地区的少数民族，利用宗教作为笼络手段而修建的。其中的 8 座由清政府直接管理，故被称为“外八庙”。庙宇按照建筑风格分为藏式寺庙、汉式寺庙和汉藏结合式寺庙三种。避暑山庄及周围寺庙，是中国现存最大的古代帝王苑囿和皇家寺庙群。

图 3–13 是中国与德国 1998 年联合发行的承德普宁寺邮票。

2．城垣、关隘雄风千载

中国城墙修筑的历史非常悠久。历代帝王为了抵御外族的入侵或保护城池，修建了许多防卫性的建筑。长城是我国古代城防建筑的杰出代表，它是典型的砖石结构建筑。长城集中了古代各类城防建筑的精华，从墙、望台、敌楼、烽火台、望楼都具有坚固、耐用和易守难攻的特点。

图 3–14 是中国 1952 年发行的抗日战争平型关胜利邮票、1981 年发行的万里长城邮票。

长城是公元前 7 世纪开始修建的。公元前 3 世纪秦始皇统一中国，把一段段的长城连结起来，成了现在万里长城的基础。后来经过历代增建，到明朝就修成了现在的规模。它东起渤海湾的山海关，西到甘肃的嘉峪关，长 12000 多里，被称为万里长城。

在古代交通运输工具极其落后的情况下，修建如此巨大的工程，是一件非常了不起的事。它是整齐的条石和结实的青砖砌筑的。不用说烧制、采凿这些砖石，就是把它们通过崎岖的山间小路送达修建工地，已经是一项十分庞大的工程。

图 3–14

图 3-15 是中国 1979 年发行的万里长城邮票，图案分别为长城之秋、长城之冬。

图 3-15

嘉峪关是明代万里长城的西端起点，是明代长城沿线建造规模最为壮观的一座古代军事城堡，素有“中外钜防”、“河西第一隘口”之称。关城始建于明洪武五年（1372），历时 168 年建成完工。嘉峪关关城有三重城郭，多道防线，城内有城，城外有壕，形成重城并守之势。它由内城、瓮城、罗城、城壕及三座三层三檐歇山顶式高台楼阁建筑和城壕、长城峰台等组成。内城是关城的主体和中心，其周长 640 米，面积 2.5 万平方米。内城东西二门外，都有瓮城回护，面积各有 500 余平方米。关城内现有的建筑主要有游击将军府、官井、关帝庙、戏台和文昌阁。

嘉峪关关城依山傍水，扼守南北宽约 15 千米的峡谷地带，该峡谷南部的讨赖河谷，又构成关防的天然屏障。嘉峪关附近烽燧、墩台纵横交错，关城东、西、南、北、东北各路共有墩台 66 座。嘉峪关地势天成，攻防兼备，与附近的长城、城台、城壕、烽燧等设施构成了严密的军事防御体系。

图 3-16 是中国 1999 年发行的长城邮票，图案分别为三关口、嘉峪关。

居庸关在距北京市区 50 余千米外的昌平区境内。居庸关形势险要，它有南北两个关口，南名“南口”，北称“居庸关”。早在春秋战国时代，燕国就要扼控此口，时称“居庸塞”。汉朝时，居庸关城已颇具规模。南北朝时，关城建筑又与长城连在一起。此后历唐、辽、金、元数朝，居庸峡谷都有关城之设。现存关城始建于明洪武元年（1368），系大将军徐达、副将军常遇春规划创建。城垣东达翠屏山脊，西驶金柜山巅，周长 4000 余米，南北月城及城楼、敌楼等配套设施齐备。关城内外还有衙署、庙宇、儒学等各种相关建筑设施。

图 3-16

图 3-17 是中国 1995 年发行的长城

图 3-17

邮票，图案分别为老龙头、金山岭、山海关。

山海关是明长城的东北起点，位于河北省秦皇岛市东北 15 千米。明洪武十四年（1381），中山王徐达奉命修永平、界岭等关，在此创建山海关，因其北倚燕山，南连渤海，故得名山海关。山海关的城池，周长约 4 千米，是一座小城，整个城池与长城相连，以城为关。城高 14 米，厚 7 米。全城有四座主要城门，并有多种古代的防御建筑，是一座防御体系比较完整的城关，有“天下第一关”之称。以威武雄壮的箭楼为主体，内有澄海楼、奎光阁、临闾楼、牧营楼、威远堂、瓮城、东罗城等建筑。

图 3-18 是中国 1979 年发行的万里长城 · 山海关小型张。

西安城墙建于明洪武七年到十一年（1374 ～ 1378）。呈长方形，有城门四座，是中国现存最完整的一座古代城垣建筑。城墙高 12 米，顶宽 12 ～ 14

图 3-18

米，底宽15～18米，周长约13.7千米。城墙每隔120米修敌台一座，突出在城墙之外，顶与城墙面平。敌台之间距离的一半，恰好在弓箭的有效射程之内，便于从侧面射杀攻城的敌人。城墙上共有敌台98座，上面都建有驻兵的敌楼。

图 3–19

西安城墙东、西、南、北四座城门，分别有正楼、箭楼、闸楼三重城门。闸楼在最外，其作用是升降吊桥，箭楼在中，正面和两侧设有方形窗口，供射箭用。正楼在最里，是城的正门。箭楼与正楼之间用围墙连接，叫瓮城，是屯兵的地方。瓮城中还有通向城头的马道，缓上无台阶，便于战马上下。全城还建有马道11处。城墙四角都有突出城外的角台。除西南角是圆形，可能是保持唐皇城转角原状外，其他都是方形。角台上建有较敌台更为高大的角楼。

图3–19是中国1997年发行的西安城墙邮票，图案分别为瓮城、箭楼、敌台、角台。

西安城墙最底层用土、石灰和糯米汁混合夯打，异常坚硬。整个城墙内外壁及顶部砌上青砖。城四周环绕着又宽又深的城河，正对城门处设有可以随时起落的吊桥。吊桥一升起，进出城的通路便被截断。

图3–20是中国2005年发行的台湾省古迹邮票，图案分别为台北府城北门、台南二鲲身炮台（均80分）。

图 3–20

3. 禅意盎然的古寺、古塔

图 3-21

寺庙是中国佛教建筑之一，起源于印度的寺庙建筑，从北魏开始在中国兴盛起来。白马寺位于河南洛阳城东 10 千米处，古称金刚崖寺，建于东汉明帝永平 11 年（68），是佛教传入中国后第一所官办寺院。现有五重大殿和四个大院以及东西厢房。前为山门，山门是并排三座拱门。山门外，一对石狮和一对石马。五重大殿由南向北依次为天王殿、大佛殿、大雄殿、接引殿和毗卢殿。

图 3–21 是中国与印度 2008 年联合发行的白马寺邮票。

图 3-22

图 3–22 是中国 1995 年发行的河南少林寺山门邮票，2005 年发行的台湾鹿港龙山寺（80 分）邮票。

悬空寺，又名玄空寺，位于山西浑源县。悬空寺是国内现存的唯一的佛、道、儒三教合一的独特寺庙。它面对恒山，修建在悬崖峭壁间，始建于北魏后期，迄今已有 1400 多年的历史。悬空寺距地面高约 50 米，其建筑特色可以概括为“奇、悬、巧”三个字。

值得称“奇”的是，悬空寺悬挂于石崖中间，石崖顶峰突出部分好像一把伞，使古寺免受雨水冲刷。山下的洪水泛滥时，也免于被淹。“悬”是悬空寺的另一特色，全寺共有殿阁 40 间，表面看上去支撑它们的是十几根碗口粗的木柱，其实有的木柱根本不受力。而真正的重心撑在坚硬岩石里，岩石凿成了形似直角梯形的样子，然后插入飞梁，使其与直角梯形锐角部分充分接近，利用力学原理半插飞梁为基。悬空寺的“巧”体现在充分利用峭壁的自然状态，布置和建造寺庙各部分建筑，将一般寺庙平面建筑的布局、形制等建造在立体的空间中，山门、钟鼓楼、大殿、配殿等都有。

图 3-23 是中国 1991 年发行的恒山悬空寺邮票。

图 3-23

塔尔寺位于青海省西宁市南 25 千米处的湟中县，是我国藏传佛教格鲁派六大寺院之一。该寺始建于 1379 年，正式建于明万历五年（1577），是藏汉建筑艺术相结合的佛教园林建筑群，占地面积 600 余亩，寺院建筑分布于莲花山的一沟两面坡上，殿宇高低错落。

大金瓦寺又称大金瓦殿，面积 456 平方米，下为藏式“须弥座”，上为重檐歇山鎏金瓦顶，回廊周匝。底层前出附阶，为信徒礼拜场所。檐口饰鎏金云头挂板，正脊安装鎏金宝瓶及火焰宝珠等。殿内有高达 11 米的大银塔 1 座。外壁墙面遍贴绿琉璃砖，间以黄琉璃花饰。

大经堂土木结构，为藏式双层平顶建筑，汉式楼阁遥相互映。经堂面阔 13 间，进深 11 间。面积 1981 平方米。堂内四壁存放着数百册经卷。大拉浪由经堂、华门、牌坊 3 座殿堂组成，达赖、班禅曾驻跸于此。

如来八塔是赞颂释迦牟尼一生八大功德的宝塔。呈一线形，分别为：聚莲塔、菩提塔、多门塔、降魔塔、降凡塔、息诤塔、胜利塔、涅盘塔，每座塔的底边长 9.4 米，高 6.4 米。建于 1776 年。塔身白灰抹面，底座青砖砌成，腰部装饰有经文。

图 3-24 是中国 2000 年发行的塔尔寺邮票，图案分别为如意宝塔、大金瓦殿、大经堂、班禅行宫。

图 3-24

拉卜楞寺是中国著名的藏传佛教格鲁派六大寺院之一，位于甘肃省甘南藏族自治州夏河县城西。

始建于康熙四十八年（1709），历经280多年的修建、扩充、发展成为一个具有六大扎仓（学院）、48座佛殿和囊欠（活佛住所）、500座僧院的庞大建筑群。拉卜楞寺建筑属藏式布局，建筑形式多为藏式，汉地宫殿式和藏汉混式。整个建筑群有石木和土木两墙体结构，所有经堂和佛殿用青色石英岩砌成厚墙，色调素洁，质朴大方，故有“拉卜楞寺外不见木，内不见石”之说，殿顶的四周都有边麻草扎砌而成的棕红色矮墙。

大经堂因其规模盛大而得名，进深11间，宽15间，内呈木结构，有140根柱支撑，可容纳3000僧众诵经，经堂陈设、装饰富丽豪华。1985年4月7日大经堂意外失火后，国家拨款后又建成亚洲独一无二的“贡唐宝塔”。

图 3-25

图3-25是中国2009年发行的拉卜楞寺邮票，图案分别为大经堂、贡唐宝塔。

庙宇在中国各地城乡十分普遍，其用途亦各有不同。有的作为供奉神佛的场所，例如道教供奉的各种俗神。有的作为供奉祖宗神位的处所，有的作为历史上有名人物、传说人物的处所，例如行业的祖师、渔民供奉的妈祖等。庙宇建筑一般比寺院规模要小，建筑式样和结构均与中国传统寺庙相仿。

图 3-26

图 3-27

图3-26是中国1997年发行的澳门古迹邮票，图案分别为妈阁庙、蓬峰庙。

图3-27是中国2005年发行的台湾古

迹邮票，图案分别为台南孔子庙、澎湖天后宫。

塔，又称“宝塔”或称“浮屠”、“浮图”。在梵文中，本意为“坟墓”，它起源于佛教盛行的印度。自东汉起，为埋葬高僧、大法师“舍利子”修建的这种供礼拜的纪念性建筑——舍利塔，逐渐在中华大地上普及开来。以后，又趋向人性化，以至于有“救人一命胜造七级浮屠”之说。

随着塔在中国的不断发展，除作为埋藏佛舍利外，还具有其他不同的用途：一是登高远眺，二是瞭望敌情，三是导航引渡，四是装点河山风景。中国的古塔，按性质分，有回教塔、喇嘛塔、儒教塔等；按建筑材料分，有金塔、铜塔、泥塔等；按构建的外形来分，有四方形、六角形、圆形等。中国的古塔形式多种多样，大致可分为：楼阁式、密檐式、亭阁式、花塔、覆钵式、金刚宝座式、过街塔和塔门等。

图 3–28

图 3–28 是中国 1995 年发行的河南少林寺塔林邮票，1985 年发行的河南登封的嵩岳寺塔邮票。

西安大雁塔，又名大慈恩寺塔，唐高宗永徽三年（652）玄奘法师为供奉从印度带回的佛像，舍利和梵文经典，在慈恩寺的西塔院兴建。大雁塔通高 64.5 米，塔体为方形锥体，塔七层，底层边长 25 米，造型简洁。塔身用砖砌成，磨砖对缝坚固异常。塔内有楼梯，可以盘旋而上。每层四面各有一个拱券门洞，可以凭栏远眺。大雁塔初建时五层，表面砖砌，土心，后来塌毁。公元 704 年，唐武则天改建成楼阁式的青砖塔，打破了唐朝佛塔均为单数层的惯例增高至 10 层。公元 931 年，五代时后唐王朝对大雁塔进行改建，大雁塔被降至七层。

图 3–29

图 3–29 是中国 1994 年发行的西安大雁塔邮票。

六和塔位于杭州钱塘江畔月轮山上，始建于北宋开宝三年（970）。取佛教“六和敬”之义命名。

六和塔木檐13层。塔的内部有六层是封闭的，七层与塔身的内部相通，自外及里，塔可分外墙、回廊、内墙和小室四个部分，形成了内外两环。内环是塔心室，外环是厚壁，回廊夹在中间，楼梯置于回廊之间。外墙的外壁，在转角处装设有倚柱，并与塔的木檐相联结。墙身的四面开辟有门，因为墙厚达4.12米，故而进门后，就形成了一条甬道，甬道的两侧凿有壁龛。六和塔所有壶门的造型是南宋时期典型的做法。

图3–30是中国1994年发行的杭州六和塔邮票。

图3–30

开元寺镇国塔位于泉州西街，始建于唐代，原为木塔。南宋时改为现存的八角五层楼阁式仿木构花岗石塔，高48.24米，占地约50平方米。与紫云大殿西侧的仁寿塔合称“双塔”，是中国石塔中最高的一对。塔刹挺秀耸拔，上有八条铁链拉护。

开封祐国寺塔在河南省开封市东北隅。建于北宋皇元年（1049）。初名开宝寺灵感塔，又名琉璃塔，至明天顺年间（1457～1464）因寺改称国寺塔。又因塔体外壁砌以褐色为主的琉璃砖似铁色，俗称铁塔。该塔原是一八角13层木塔，毁于雷火。建新塔时易木为砖。塔高54.66米。北门自东壁设梯洞登塔。塔壁外面，全用模制琉璃花砖镶砌。塔上砖型达28种，表面纹饰计50多式。其图案有伎乐、菩萨、坐佛、飞天、龙、狮、麒麟、宝相花及各种兽面等。塔顶作八角攒尖式，塔刹为一铜质宝瓶。

图3–31是中国1994年发行的泉州开元寺镇国塔、开封祐国寺塔邮票。

图3–31

应县释迦塔，位于山西省朔州市应县佛宫寺内，俗称应县木塔。建于辽清宁二年（1056），是我国现存最高最古的一座木构塔式建筑。木塔建造在四米高的台基上，塔高67.31米，底层直径30.27米，呈平面八角形。第一层立面重檐，以上各层均为单檐，共五层六檐，各层间夹设暗层，实为九层。因底层为重檐并有回廊，故塔的外观为六层屋檐。各层均用内、外两圈木柱支撑，每层外有24根柱子，内有八根，木柱之间使用了许多斜撑、梁、枋和短柱，组成不同方向的复梁式木架。有人计算，整个木塔共用红松木料3000立方米，约2600吨重，整体比例适当，建筑宏伟，艺术精巧，外形稳重庄严。

图3–32是中国1958年发行的应县释迦塔邮票。

图3–32

应县木塔的设计，充分利用传统建筑技巧，全塔共用斗拱54种，每个斗拱都有一定的组合形式，有的将梁、坊、柱结成一个整体，每层都形成了一个八边形中空结构层。

图3–33是中国1981年发行的苏州虎丘邮票极限片。

苏州虎丘塔是苏州现存的最古老的一座塔。始建于五代周显德六年（959），建成于北宋建隆二年（961）。塔身平面呈八角形，是一座砖身木檐仿楼阁形宝塔，共7层，高47.5米。由于地基的原因，塔身自400年前就开始向西北方向倾斜。据初步测量，塔顶部中心点距中心垂直线偏离已达2.3米（著名的意大利比萨斜塔，其塔顶偏离4.4米）。

图3–33

图3–34是中国1958年发行的云南大理的崇圣寺千寻塔、山西洪洞广胜上寺的飞虹塔邮票。

千寻塔，全名为“法界通灵明道乘塔”。方形，砖质、中空。高近70米，16层，每层正面中

图 3-34

央各开券龛，置白色大理石佛像一尊。建于唐开成元年（836）。在它的南北处，有两座实心、八角形、各10层的白色泥皮小塔，统称为崇圣寺三塔，鼎立于苍山之麓，洱海之滨。

飞虹塔，塔身为黄、绿、蓝三色琉璃所镶嵌，俗称琉璃塔，是我国琉璃塔中的代表作。始建于汉代，现存为明嘉靖六年（1527）重建。塔平面八角形，13层，高47.31米。中空，有梯可攀登而上。

4．悠然自得的古桥、亭、楼、园

中国石桥有着悠久的历史，更有着辉煌的创造。无论是千年傲立的赵州桥、诗情画意的枫桥、寄托忠魂的卢沟桥、举世无双的风雨桥，都令人过目难忘，叹为观止。

图3–35是中国1997年发行的侗族建筑邮票，图案分别为跨河风雨桥、田间风雨桥。

安济桥又名赵州桥，坐落在河北省南部的洨河上。建于隋代（581～618），由著名匠师李春设计和建造，是世界上现存最早、保存最完善的古代敞肩石拱桥。桥长64.40米，跨径37.02米，券高7.23米，因桥两端肩部各有两个小孔，不是实的，故称敞肩型，这是世界造桥史的一个创造。

图 3-35

苏州宝带桥，又名长桥，位于苏州市长桥镇京杭大运河边，跨澹台湖口玳河，为历代纤道所经。始建于唐元间十一年（816）。桥面宽阔平坦，下由53孔联缀，孔长249.8米。全长317米，宽4.1米。北端引道23.4米，南端引道43.06米。是我国现存的古代桥梁中最长的一座多孔石桥。它的砌拱法采用了多绞拱，这在古代建桥史上是极罕见的。

图 3–36

图 3–36 是中国 1962 年发行的赵县安济桥邮票、苏州宝带桥邮票。

都江堰珠浦桥位于四川省都江堰著名的“都江堰”口，横跨岷江的内外江上。建造年代不详。桥分为八孔，全长340米，宽3米多，高近 13 米，最大一孔跨径达 61 米，全桥用细竹篾编成粗 5 寸的竹索 24 根，其中 10 根做底索，上面横铺木板当桥面，压板索 2 根，还有 12 根分列桥的两旁，作为扶栏。绞索设备安放在桥两头石室内的木笼中，用木绞车绞紧桥的底索，用大木柱绞紧扶栏索。由于竹索太长，从两头绞紧非常困难，所以在桥梁中间的石礅上增添一套绞索设备，也置于石室木笼中。在木笼上面，修建桥亭。亭分 2 层，上层用木梁密排，装砌大石，以做压重；下层中空，以便利行人，布置巧妙。

图 3–37

图 3–37 是中国 1962 年发行的都江堰珠浦桥、三江程阳桥邮票。

枫桥位于苏州西北枫桥镇，横跨于运河支流之上。枫桥始建于唐代，只是一座江南普通的月牙形单孔石拱桥，长 39.6 米，高 7 米，宽 4.2 米，跨径 10 米。与枫桥毗邻的寒山寺，始建于梁代，距今已有 1400 多年的历史，因唐时名僧寒山在此任过住持，遂将枫桥寺易名为“寒山寺”。诗人张继的枫桥诗句，使枫桥与寒山寺名扬千古。

图 3–38 是中国 2003 年发行的枫桥、小商桥邮票。

卢沟桥在北京市丰台区永定河上，永定河旧称卢沟河，桥亦以卢沟命名。始建于金大定二十九年（1189），桥全长 267 米，宽 7.6 米，最宽处 9.5 米。有桥墩十座，共 11 孔，整个桥体都是石结构，关键部位均有银锭铁榫连接，为华北最长的古代石桥。两侧石雕护栏各有 140 条望柱，柱头上均雕有石狮，形

图 3-38

图 3-39

态各异，据记载原有 627 个，现存 501 个。石狮多为明清之物，也有少量的金元遗存。1698 年重修，康熙命在桥西头立碑，记述重修卢沟桥事。桥东头立有乾隆题写的“卢沟晓月”碑。桥东为宛平县城，1937 年 7 月 7 日，日本帝国主义在此发动全面侵华战争，史称“卢沟桥事变”。

图 3-39 是中国 2003 年发行的卢沟桥、双龙桥邮票。

图 3-40 是中国台湾 1992 年发行的卢沟桥石狮邮票。

图 3-40

亭子是中国古代特有的一种建筑，无论位于山麓水畔、桥头园中，古亭带给文人墨客的往往是幽思怀古，借景生情，不朽诗文，与亭齐名。

爱晚亭位于岳麓山下清风峡中。始建于清乾隆五十七年（1792），为岳麓书院院长罗典创建。亭形为重檐八柱，琉璃碧瓦，亭角飞翘，自远处观之似凌空欲飞状。内为丹漆圆柱，外檐四石柱为花岗岩，亭中彩绘藻井。该亭三面环山，东向开阔，紫翠菁葱，流泉不断。

琵琶亭位于九江长江大桥东侧，因唐代诗人白居易的长诗《琵琶行》而得名。始建于唐代，原在九江城西长江之滨，即白居易送客之处。但历代屡经兴废，多次移址。1988 年 3 月新琵琶亭建今址。琵琶亭占地面积 3300 多平方米。整个庭院分主亭、左碑廊、右碑廊三部分，琵琶亭朱柱碧瓦，古朴庄重。

图 3–41 是中国 2004 年发行的爱晚亭、琵琶亭邮票。

兰亭位于绍兴市西南 14 千米处的兰渚山下，是东晋著名书法家王羲之的寄居处。现址为明嘉靖二十七年（1548）郡守沈启重建。兰亭布局以曲水流觞为中心，四周环绕着鹅池、鹅池亭、流觞亭、小兰亭、玉碑亭、墨华亭、右军祠等。兰亭为一四角碑亭，内有康熙御笔“兰亭”两个大字的石碑。

醉翁亭位于安徽省琅琊山麓。庆历五年（1045），宋代大散文家欧阳修被贬谪来到滁州，琅琊寺住持僧智仙和尚在山麓建造了一座小亭，欧阳修亲作《醉翁亭记》。醉翁亭初建时只有一座亭子，北宋末年，知州唐恪在其旁建同醉亭。到了明代，开始兴盛起来。醉翁亭一带的建筑，布局紧凑别致，亭台小巧独特，具有江南园林特色。总面积虽不到 1000 平方米，却有九处互不雷同的建筑、景致，人称“醉翁九景”。

图 3–42 是中国 2004 年发行的兰亭、醉翁亭邮票。

黄鹤楼位于武昌蛇山，始建于三国时期吴黄武二年（223）。因兵火频繁，黄鹤楼屡建屡废，最后一座“清楼”建于同治七年（1868），毁于光绪十年（1884）。

图 3–41

图 3–42

1981 年，黄鹤楼重修工程开工，1985 年落成，主楼以清同治楼为蓝本，运用现代建筑技术施工，钢筋混凝土框架仿木结构。飞檐 5 层，攒尖楼顶，金色琉璃瓦屋面，通高 51.4 米，底层边宽 30 米，顶层边宽 18 米。

岳阳楼始建于公元 220 年前后，其前身相传为三国时期东吴大将鲁肃的“阅军楼”。中唐李白赋诗之后，始称“岳阳楼”。北宋范仲淹脍炙人口的《岳阳楼记》更使岳阳楼著称于世。登岳阳楼可浏览八百里洞庭湖的湖光山色。岳阳楼为四柱三层，飞檐、盔顶、纯木结构，楼中四柱高耸，楼顶檐牙啄。全楼高 25.35 米，平面呈长方形，宽 17.2 米，进深 15.6 米。全楼梁、柱、檩、椽全靠榫头衔接，相互咬合，稳如磐石。楼顶为层叠相衬的“如意斗拱”托举而成的盔顶式，这种拱而复翘的古代将军头盔式的顶式结构在我国古代建筑是独一无二的。

图 3-43 是中国 1987 年发行的中国历代名楼邮票，图案分别为黄鹤楼、岳阳楼、腾王阁、蓬莱阁。

南昌滕王阁始建于唐永徽四年（653），为唐高祖李渊之子李元婴任洪州都督时所创建。因李元婴在贞观年间曾被封为滕王，故阁以“滕王”冠之。滕王阁因王勃一篇雄文——《秋日登洪府滕王阁饯别序》（简称《滕王阁序》）而得以名贯古今。

今天的滕王阁 1989 年重修竣工，为宋式建筑。滕王阁主体建筑净高 57.5 米，建筑面积 1.3 万平方米。下部为象征古城墙的 12 米高台座，分为两级。台座以上的主阁取“明三暗七”格式，即从外面看是三层带回廊建筑，而内部却有七层，加屋顶中的设备层。

图 3-43

道教名胜蓬莱阁，在山东省蓬莱市城北的丹崖山巅。创建于宋嘉祐六年（1061）。阁高15米，双层木结构，重檐八角，四周环以朱赤明廊。阁下面临大海，建筑凌空，海雾四季飘绕，素有“仙境”之称。阁南有三清殿、吕祖殿、天后宫、龙王宫等道教宫观建筑，均依丹崖山势而筑。

图3-44是中国与乌克兰联合发行的鹳雀楼邮票。

图3-44

鹳雀楼位于山西省永济市黄河东岸。原建于北周（557～581），唐、宋两朝，文人学士登鹳雀楼留下了许多不朽的诗篇，其中王之涣的《登鹳雀楼》诗：“白日依山尽，黄河入海流。欲穷千里目，更上一层楼。”堪称千古绝唱。鹳雀楼被元初（1272）的一场战火烧毁，后来又由于黄河泛滥，淹没了遗址。1999年开始重建鹳雀楼，2001年落成。主楼建筑面积8362平方米，坐落在近10米高的台基上。楼体为钢筋混凝土仿唐形制，总高73.9米。外形为四檐三层，内部共9层，重现昔日风采。

图3-45

苏州古典园林的历史可上溯至公元前6世纪春秋时吴王的园囿。16～18世纪全盛时期，苏州有园林200余处，因此使苏州素有“人间天堂”的美誉。苏州古典园林借景的造园手法、写意的山水艺术思想、丰富的社会文化内涵为其显著特征。

图3-45是中国1980年发行的留园邮票，图案分别为春到曲溪楼、远翠阁之夏、涵碧山房秋色、冠云峰晴雪。

留园为中国四大名园之一，坐落在苏州市阊门外，始建于明代。清代时称“寒碧山庄”，后改为“留园”。占地约 50 亩，园中分四个风景区，以建筑空间处理得当而居苏州园林之冠。主要建筑有涵碧山房、明瑟楼、远翠阁曲溪楼、清风池馆等。

拙政园是苏州最大的一处园林，被誉为“中国园林之母”。明正德年间（1506 ~ 1521）修建。现存园貌多为清末时所形成，占地面积 62 亩。拙政园的布局主题以水为中心，各种亭台轩榭多临水而筑。主要建筑有远香堂、雪香云蔚亭、待霜亭、留听阁、十八曼陀罗花馆、三十六鸳鸯馆等。

图 3-46 是中国 1984 年发行的拙政园邮票，图案分别为宜雨亭前望倒影楼、枇杷园、小沧浪、远香堂与倚玉轩。

江苏省扬州市自古就是一座遐迩闻名的园林城市，早在唐代就有“园林都是宅，车马少于船”的描述。扬州园林融南方清秀、北方雄伟于一体，艺术风格和景物特点堪称中国古典园林的典范。

何园建于清光绪九年（1889），为扬州晚清名园中最大的一座私家住宅园林。由寄啸山庄和偏是山房两个相对独立的部分组成。占地 1.4 万平方米。整个格局疏密有致，环环相扣，中国私家园林的建筑审美和居住游玩功能在此达到了高度和谐。

个园前身是清初的寿芝园。嘉庆二十三年（1818）改建，因种竹多，故名“个园”。整体布局采用前宅后园的传统形式，在造园手法上以竹石为主，点缀亭台楼阁。叠石以分峰用石叠出四季山景，南北称奇，遐迩闻名，是叠石

图 3-46

艺术的集大成者，系中国园林孤例。

徐园构筑于“桃花坞”旧址，在瘦西湖长堤春柳北端。徐园庭院起承转合，错落有致，整个院落工整而又具变幻。有听鹂馆、春草池塘吟榭、疏峰馆等景。园中有黄石叠砌的荷池，外有曲水，内有池塘，池水与湖水相通。

图3-47是中国2007年发行的扬州园林邮票，图案分别为何园、个园、徐园。

图 3-47

5. 中国古建筑的特色

在人类文明几千年的进程中，世界四大文明古国中的古埃及、古希腊、古印度文明都先后中断了，唯有古代中国的历史文化，一脉相承，延续不断。这是世界文化发展史上的一大奇迹。中国古代的历史文化代表着东方文化，独立发展，自成体系，显示了极强的穿透力，又在地域上将中华文明播于四邦，具有很强的辐射力。

图 3-48 是中国 1998 年发行的炎帝陵邮票，图案分别为午门、行礼亭、陵墓。

图3-49是中国2007年发行的长江三峡库区古迹邮票，图案分别为张飞庙、石宝寨、大昌古镇、屈原墓。

图 3-48

图 3-49

中国古建筑不同于西方建筑的主要区别在于：

（1）中国古建筑以木结构为主

中国古代建筑为何以木结构为主？用“材料决定说”和“技术决定说”来论证这个问题，都难以成立。因为，中国的石头绝不缺少，中国人在建筑中使用石质材料的历史并不比欧洲人晚，其技术的精美与技艺的高超也不亚于同时期的任何其他国家。

皇史宬又名表章库。在北京东城区南池子大街南口东边。明嘉庆十三年（1534）建，全为砖石结构，面积为2000余平方米。主要建筑有皇史宬门、正殿、东西配殿、御碑亭等，四周围以朱墙。正殿建在高大的石台基上，绕以汉白玉护栏，面阔九间，黄琉璃筒瓦庑殿顶，拱券式无梁建筑，门设两重。其结构具有防火、防潮等特点，它是我国保存最完整的皇家档案库。

图 3-50

图 3-50是中国1979年发行的皇史宬正殿——石室邮票。

学者认为，中国古代建筑的主流是木结构，其原因大约有如下几种：

其一是建筑目的方面。西方古代与中世纪的主流建筑，是为彼岸的神灵建造的，要永恒、宏伟，具有威慑人的力量。而中国古代的主流建筑是为在世的人建造的，如帝王的宫殿、苑囿，政府衙署与各种不同等级的住宅。追求永

图 3-51

恒与久远的西方建筑，采用了石结构；而不求永恒与久远，着眼现世的中国建筑，采用了木结构。

图 3-51 是中国 2004 年发行的中南海怀仁堂邮票，中国台湾省 1990 年发行的台北音乐厅、戏剧院邮票。

其二是文化取向方面。西方人对石头有着特殊的爱好。古代希腊神话中，遭遇大洪水的人类，是通过石头再造出来的，石头是创造人类的物质。古代中国人讲求阴阳五行。五行中的五种物质金、木、水、火、土，对应五个方位（西、东、北、南、中）。五行中所代表的五种材料中，只有土与木被中国人认为是最适合建造为人居住的房屋的。因此，中国古代建筑的基本材料就是“土木”。

图 3-52 是中国 1996 年发行的经略台、真武阁邮票。

其三是建筑理念方面。早在两千年前，古代罗马建筑师就提出了“坚固、实用、美观”的建筑原则。中国人更多地追求空间的适宜与阴阳的和合。中国人的房子，不是为看的，而是为了栖息的。因此，建筑的规模就不需要太高、太大。用木结构建筑的单层或二层，规模适度的厅堂殿阁，就是最好的建筑选择。

图 3-53 是中国 1997 年发行的侗族建筑邮票，图案分别为增冲鼓楼、百二鼓楼。

图 3-52

图 3-53

(2) 中国古建筑多做成大屋顶

古建筑为了防雨，延长房屋的寿命，所以做尖顶，即双坡顶。坡顶房屋还能增加房屋高度，给人宏伟高大的感觉。中国的屋顶，有单坡顶、双坡顶、四坡顶、庑殿顶、歇山顶、八角攒尖顶、扇面顶、圆顶以及四面歇山顶，还有勾连搭线式顶。单坡顶用于民间的一般房屋，单坡一面高，一面低，使水流方便。双坡顶，即尖顶，一座房子屋顶水向两边流，一般民房、四合院，城市及乡村的房屋大都做这样的屋顶。

图 3-54

图 3-54 是中国 1980 年发行的扬州鉴真纪念堂邮票，2003 年发行的西安钟楼邮票，1998 年发行的重庆市人民大礼堂邮票。

宫殿、房舍的顶部，是整座建筑物暴露最多、最为醒目的地方，也是等级观念最强之处。清朝把《工程做法则例》中规定的 27 种房屋规格，纳入《大清会典》，作为法律等级制度固定下来。例如，重檐庑殿顶，这种顶式是清代所有殿顶中最高等级。现存的古建筑物中，如太和殿、长陵[illegible]恩殿即此种殿顶。

图 3-55 是 1998 年中国与法国联合发行的故宫太和殿邮票。

图 3-55

中国的宫殿、庙寺、佛寺等主要殿阁，屋顶都做出曲线，就是平房四合院，屋顶也多多少少带有曲线。这是中国古代建筑艺术的一个独特之处。在房屋上运用曲线使这座建筑更增加美观的效果，例如，“檐宇的线条应该是笔直的，但若两端运用曲线

图 3-56

使它翘起，构成一种曲线美。屋脊本来也是又平又直，但是运用曲线的结果，是将两端也尽量翘起来。殿顶和歇山式顶四个面的转角脊，也做出曲线，构成所谓“推山”。屋面双坡或四坡将平直的坡度做成曲坡，屋顶的四个楼角，也运用曲线构成曲坡翘角。一个屋顶这样做出，使房屋觉得轻快，美观、柔和，有一种韵律感。

图 3-56 是中国 1995 年发行的安徽九华山肉身宝殿邮票，1998 年发行的灵渠秦堤邮票。

（3）结构件既重实用又重装饰

西方人曾感叹：中国人是最善于美化生活、享受生活的行家，无论衣食住行都力求既重实用又重美观，装饰艺术达到尽善尽美。这种文化传统在中国古建筑的各种结构件上亦得到充分的体现。

在距今约 3000 年的西周早期，中国传统的土木建筑中最重要的材料之一——瓦出现了。随着瓦的不断使用，瓦当应运而生。

中国古代的瓦分为板瓦和筒瓦两种。房屋顶部上瓦时，先以相对宽大的板瓦顺次仰置屋顶，然后再以相对弧度较大、宽度较窄的筒瓦覆扣于板瓦与板瓦纵向相接的接缝上。在最近屋檐的最下一个筒瓦头部，有一下垂的半圆或圆形的部分，这部分称为瓦当。战国秦汉时期是瓦当艺术的鼎盛时期。陕西关中的秦汉离宫当年气势恢弘的建筑、各处行宫、帝陵都出土了大量的瓦当。许多文字瓦当、图案瓦当造型古朴，各具特色，其中，以青龙、白虎、朱雀、玄武为图案的四神瓦当生动传神，最为珍贵。四神既代表着四个方位，亦是古代传说中的祥禽瑞兽。

图 3-57

图 3-57 是中国 2000 年发行的汉代青龙瓦当邮票。

图 3-58 是中国台湾省 1993 年发行的祥禽瑞兽邮票，

图 3-58

图案分别为青龙、白虎、朱雀、玄武。

中国台湾省从 1995 年开始发行“台湾传统建筑”邮票系列，每年 1 组，每组 4 枚。这些邮票将中国传统建筑中的结构件、实用件、装饰件等一一详列。

图 3-59

图 3-59 是中国台湾省 1995 年发行的传统建筑邮票第 1 组，图案分别为燕尾、马背、辟邪物、筒瓦。

燕尾：正脊成曲线向上扬起而尾端分叉成两支，垂脊则往上顶住正脊的“上马路”之屋脊，为中国南方所特有。

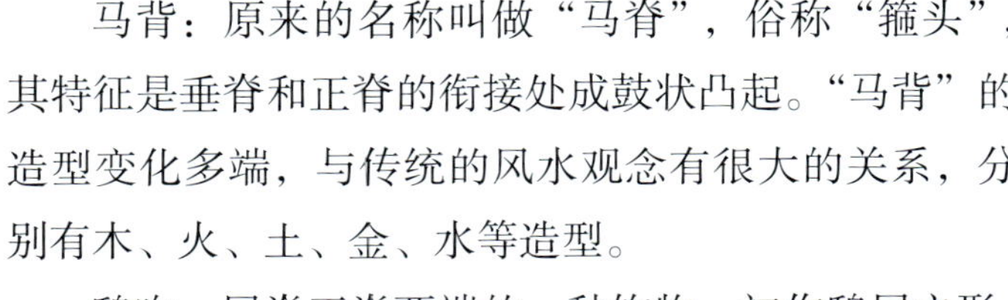

马背：原来的名称叫做“马脊”，俗称“籬头”，其特征是垂脊和正脊的衔接处成鼓状凸起。“马背”的造型变化多端，与传统的风水观念有很大的关系，分别有木、火、土、金、水等造型。

鸱吻：屋脊正脊两端的一种饰物。初作鸱尾之形，一说为蚩（一种海兽）尾之形，象征辟除火灾。后来式样改变，折而向上似张口吞脊，因名鸱吻，又称“龙吻”。鸱吻最喜欢四处眺望，常饰于正脊上，它形似鱼尾，张牙舞爪，似乎要吞下整个屋脊，故又名“吞脊兽”。传说其为海龙王之子，属水，放在屋脊上可做灭火消灾的镇物。

图 3–60

图 3–60 是中国台湾省 1996 年发行的传统建筑邮票第 2 组，图案分别为斗拱、雀替、步通、叠斗构架。

斗拱：中国古建筑中用以连结柱、梁、桁、枋的一种独特构件，由方形的斗升和矩形的拱以及斜的昂组成。在结构上挑出承重，并将屋面的大面积荷载传到柱上。斗拱的作用包括：增加承托的作用、增加挤压面（原始作用）、撑跳檐檩。明清时结构作用已渐消失，成了纯粹的装饰作用，此外还有等级的标志。

雀替：又称“托木”“牛腿”，安置于梁或阑额与柱交接处承托梁枋的木构件，可以缩短梁枋的净跨距离。安置在梁与柱交点的角落，具有稳定和装饰的功能。也用在柱间的落挂下，为纯装饰性构件。雀替有龙、凤、仙鹤、花鸟、花篮、金蟾等各种形式，雕法则有圆雕、浮雕、透雕。

步通：搭接檐柱和金柱或者屋身之间的“大通梁”，主要的作用是使檐廊上屋顶的重量，能够传递到屋身或者檐柱，以增加屋体结构的稳定度。

叠斗式：以梁上垂直叠组的斗和拱顶住檩子的架构，是中国南方建筑物特有的建筑方式，常用在寺庙、大宅等建筑上。

图 3–61 是中国台湾省 1997 年发行的传统建筑邮票第 3 组，图案分别为门扇、壁瓦、砖雕、龙柱。

御路石：位于宫殿中轴线上台基与地坪之间的斜坡道，只有皇帝才可以使用，但是由于皇帝进出宫殿大多乘坐轿子（两侧的台阶就是给轿夫行走之用），所以将这个地方雕刻成云龙图案，以明示皇帝“真龙天子”的身份，后来为寺庙和孔庙所沿用。

柱珠：又称“柱础”“柱櫍”，位于柱子下方，类似矮凳子的台座，主要功能是防止柱子因受潮而腐烂。早期的以圆凳形或碗形为主，表面以小花朵或线

图 3-61

条纹路等浮雕作为装饰，后来逐渐发展出鼓形、方形、六角形、八角形等多种造型。

柜台脚：位在最底层，早期常雕成矮柜台形状，作为墙身的收头，所以叫做“柜台脚”。后来，将“内翻马蹄”形状的柱脚部位改成鲤鱼、象、螭虎等形状。

图 3–62 是中国台湾 1998 年发行的传统建筑邮票第 4 组，图案分别为御路、柱珠、柜台脚、排水口。

太师壁：大厅后墙前贴四扇樘板，也称栓门。高度直通楼板梁的下方，或者在上面还有几十厘米高的一段，拼枋子而成横板，叫樘板。一般樘板高 2.7 米，宽 1 米左右，素木。太师壁上部悬挂着放先人神主的架子。壁前放一张长条案，紧靠条案前放八仙桌，两侧置太师椅。

悬鱼：墙上檐板交合处，中间垂下的木雕小装饰品。悬鱼形式有直线和弧线两种，都刻“鱼”形象，两条，头与头尾与尾弧成一圈，也刻“壬”、“癸”等字或雕一“水”字。鱼为水中生灵，可起镇火作用。装饰与实用功能并存，实用功能为防悬挑的檩条端头受潮腐烂。

吊筒：也称“垂花”，承挑屋顶出檐的正拱外缘套上垂花以作为装饰。其

图 3-62

图 3–63

形式如短柱子，中凿榫眼以纳正拱后尾，在外缘套上圆直的木雕件，具备结构与装饰的作用。

图 3–63 是中国台湾省 1999 年发行的传统建筑邮票第 5 组，图案分别为太师壁、吊筒、悬鱼、木雕。

中国的传统古建筑，讲究格局，讲究气势，讲究品味，讲究内涵。无论是北方古建筑富贵气中透出的豪气，南方古建筑文人底色显出的秀色，其中都包孕着映衬、虚实、曲直、开合、动静、隐显等丰富多彩的隐逸文化、民俗文化。中国的古代建筑带给世人的是韵味独具的美感，幽静自欣的气质，卓尔不群的文化。

图 3–64 是中国 1956 年发行的首都名胜邮票，图案分别为天安门、天坛。

图 3–65 是中国香港 1980 年发行的古老建筑物邮票，图案分别为屏山聚星楼（20c）、藩田村大夫第（1.3s）、青松观大牌坊（2s）。

图 3–64

图 3–65

四

古韵绵长的亚洲建筑

亚洲是世界上人口最多的洲，是古老的东方文明的发祥地。辽阔的地域、复杂的自然环境、悠久的民族传统相互交融，造就了亚洲丰富多彩的地域人文差异。东方文化、宗教文化堪称亚洲传统建筑的基因与灵魂。亚洲建筑因古老而神秘，因伤痕而凄美，自成面目，卓而不群。

1. 东亚建筑

奈良是日本古都，位于本州中西部，是日本古代文化发祥地之一。奈良是中日文化交流的名地，早在1500年前，日本曾10多次派遣隋使、遣唐使来中国。位于奈良市西郊的平城宫遗址，仿中国唐朝长安城修筑，呈正方形，北部有太极殿、朝堂和朝集殿构成的大皇宫。以朱雀大路为中心的整齐街巷，其中有世界最大的木造建筑——东大寺、中国唐朝鉴真大师创建的唐招提寺、飞鸟时代的药师寺等。

奈良唐招提寺是日本最早的佛教律宗戒院，是一组具有中国盛唐建筑风格的建筑物，为日本国宝。唐代高僧鉴真东渡日本后于天平宝字3年（759）开始建造，寺内殿宇重重，有天平时代的讲堂、戒坛；奈良时代（710～789）后期的金堂。金堂正面7间，侧面4间，有约1米高的石台基。在结构上，金堂用材粗大，挑檐很深，斗拱的结构性能十分明确。金堂在后来的改修时综合进了一些日本建筑的处理方法。

图4-1是日本1977年发行的奈良唐招提寺金堂（50y）、松本城天守阁

（100y）邮票。

图 4–1

奈良药师寺东塔建造于公元 730 年，为三层木塔，平面为正方形，底层边长 11 米，高度近 40 米。每层的屋顶都是重檐结构，二层和三层屋顶挑檐的尺寸具有各自的比例尺度，形成了塔身整体抑扬顿挫的独特风格。

奈良宝生寺五重塔建造于 8 世纪末至 10 世纪，为木结构，高 16 米。塔身比例比较特殊，从下到上，塔身几乎没有收分，斗拱等细节自下而上采用同一尺寸，挑檐相当大，显示出外来建筑文化与日本传统融合的特点。

图 4–2 是日本 1969 年发行的长野县室町时代的安乐寺八角重塔（15y）邮票，1976 年发行的药师寺东塔（50y）邮票，1988 年发行的金刚三味院多宝塔（60y）邮票，室生寺五重塔（100y）邮票。

京都是日本古都。公元 791 ～ 1869 年为日本首都，有“千年古都”之称。京都具有浓郁的日本传统文化风情，是日本人心灵的故乡。古城平安京的设计和建筑风格仿自中国唐代的洛阳城和长安城，所以京都简称为洛。城每方各开 3 个门，有数条大街成东西、南北交叉走向，大街外为坊和市场，市街呈棋盘形。市内有东本愿寺、西本愿寺、三十三间堂、八坂神社、清水寺、平安神宫、金阁寺、银阁寺等名胜与建筑。

京都清水寺最有特色的建筑是本堂（正殿），1633 年重建，木结构。

图 4–2

图 4-3

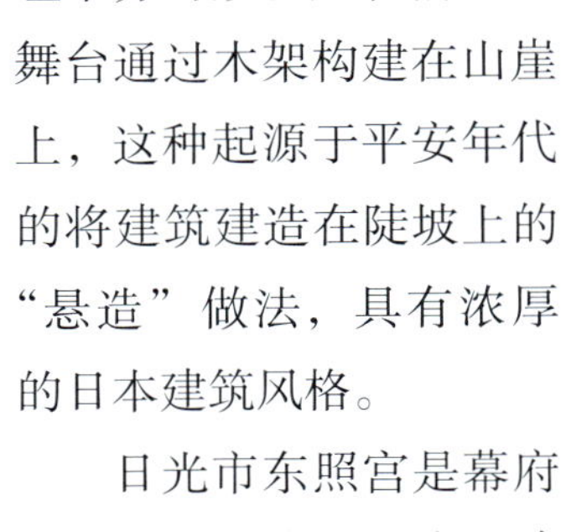

平面采用佛教的密教佛堂布局，正中和两翼体量的庑殿顶相互叠加，细部处理十分巧妙。建筑前面的舞台通过木架构建在山崖上，这种起源于平安年代的将建筑建造在陡坡上的“悬造”做法，具有浓厚的日本建筑风格。

日光市东照宫是幕府将军德川家康的陵庙，建于 1616 ～ 1636 年。陵庙的大门采用唐式“禅宗式”做法。其建筑装饰最具特色，荟萃了当时日本建筑及装饰的顶级技艺。

图 4-3 是日本 1977 年发行的京都清水寺本堂（100y）邮票，1978 年发行的日光东照宫阳明门（100y）邮票，1987 年发行的彦根城瞭望楼（110y）、犬山城瞭望楼（110y）邮票。

图 4-4

日本广岛县严岛神社建于 12 世纪，现在的建筑是 1571 年重建，为世界文化遗产。建筑的一部分建在海中，其杰出的特征在于建筑与自然景观的完美结合。当潮起潮落时，景色变化万千。

图 4-4 是日本 1988 年发行的严岛神社（60y）邮票，联合国 2004 年发行的日本和平钟 50 周年（80c）邮票，琉球 1964 年发行的宫良大殿 · 八重山大川（3c）邮票。

蒙古以喀尔喀蒙古族为主，传统生活为游牧业方式，被誉为“马背上的民族”。信仰喇嘛教，古典建筑、宗教建筑与中原文化有很深的历史渊源。

图 4–5 是蒙古 1974 年发行的博格多汗宫邮票，图案分别为寺院门、宫内古建筑、宫内前景、宫内鼓亭。

额尔德尼昭是蒙古著名古寺，位于哈尔和林，建于 1586 年。该寺是蒙古第一座喇嘛庙。寺院呈正方形，四周筑有土墙，墙四角各置石龟一具，围墙上筑有 90 个佛塔，每边有一座门楼。在正殿入口处有哼哈二将，殿内有八大金刚和十八罗汉雕像。佛堂内供着神态各异的铜佛，院内正中有一处直径 45 米的蒙古包遗址，这是昔日阿马岱汗召集会议的地方。额尔德尼昭今辟为博物馆。

图 4–6 是蒙古 1986 年发行的客尔德尼昭寺邮票，图案分别为兰庙、嘎拉昭庙、宫布喇嘛庙、拉布楞庙。

妙香山是朝鲜四大名山之一，位于西北部。山里侧柏散发着清香，山势奇妙、神秘，故称妙香山。建于 1014 年的普贤寺坐落在通往妙香山的路

图 4–5

图 4–6

图 4–7

旁，寺内大雄宝殿里保存着 13 世纪费时 16 年刻印的佛教大藏经共 6780 卷，86600 多块木刻印板，这便是有名的《高丽藏》，号称为《八万大藏经》。殿前有八角 13 层石塔。山上还有上元庵、佛影庵等古寺，佛影庵内保存着李朝 500 多年的政府日志《李朝实录》。

图 4–7 是朝鲜 1986 年发行的妙香山建筑邮票，图案分别为为保存 13 世纪木刻佛经典籍建造的图书馆（10c）、普照寺大雄宝殿（20c）。

图 4–8

庆州观星台是朝鲜半岛古代新罗国 7 世纪上半叶构筑物。高 9 米，底座方形，立面轮廓为曲线形，中央开洞，顶部有用石梁组成的双层井字形构架。整个构筑物用花岗石材砌筑，对于朝鲜古代建筑技术研究具有重要价值。

图 4–8 是韩国与印度 2003 年联合发行的庆州古观星台邮票。

2. 东南亚建筑

素可泰城是泰王国（古称暹罗）最初的首都，建于 13 ～ 18 世纪。在泰王国建国以前，素可泰在高棉的统治之下，所以遗迹中还包含有高棉的建筑内容。西萨差那来是素可泰的陪都，现存遗迹包括高棉国王七世统治时代的建筑、中央寺院遗迹及其他 9 处寺塔遗迹。这些建筑风格多种多样，包括斯里兰卡、缅甸、高棉和泰国本地式样。其中一座寺塔底层有 39 头大象围绕，是泰国本地风格与源于斯里兰卡佛塔的结合，达到了很高的艺术水准。

图 4–9 是泰国 1993 年发行的西萨差那来遗迹邮票小版张，图案分别为中央寺院（3b）、大象围绕底层的寺塔（4b）、寺塔（6b）、高棉国王七世的建筑（7b）。

泰国现有寺庙 32000 多座，僧侣 30 万人。泰国人对佛十分虔诚，每家都供奉有小佛龛。每个泰国男子成年后均须剃度出家 1 次，完成佛门的修行后才

图 4-9

算成熟。首都曼谷有“东方威尼斯”“佛庙之都”的美称。市内河道纵横，王宫和佛寺大多建在河畔。“三尖顶”的泰式屋宇是泰国建筑的典型特色。

郑王寺是泰国王家寺庙之一，又名黎明寺。位于湄南河右岸的吞武里，建于大城王朝。1768 年郑王（即郑信，华侨后裔，他驱逐侵占泰国的缅甸军队，复兴泰国）即位后加以修葺。寺内有一座高耸的金字塔形的宝塔，为 1809 年拉玛三世王所造，金碧辉煌。塔用砖块砌成，外涂厚灰泥，灰泥表面贴有从中国运来的彩色瓷片及玻璃碎片。

图 4-10 是泰国 2007 年发行的曼谷著名庙宇邮票，图案分别为拉杰拉蒂寺塔、郑王寺、苏海特寺、拉杰比特塔邮票。

图 4-11 是泰国 2006 年发行的佛塔邮票。

图 4-10

图 4-11

柬埔寨首都金边有大量古老建筑，有辉煌的旧王宫，富有民族色彩的寺庙、尖塔等古迹。王宫建于 1886 年，曾为木建筑物，有多重屋顶，中间则耸立着高高的尖塔。银佛寺是皇家寺庙，供奉着翠玉和金身的佛像，大殿地板由 4800 块纯银地板镶嵌而成。塔山有庙宇、佛塔和吴哥式石雕。绿玉寺（银宫）是柬埔寨最为华丽的寺院，寺院地面用近 5000 块镂花银砖铺砌而成。

图 4–12

被列入世界自然和文化遗产的吴哥遗址 9 ～ 15 世纪曾为柬埔寨国都。18 世纪中叶被发现。600 多处石建筑遗迹散落在丛林中，主要分为吴哥城和吴哥窟两部分。浮雕精美，佛像形象生动。吴哥城是真措王朝吴哥王朝的首都，城内有多处大型建筑遗址。吴哥窟是吴哥遗址中最大的佛寺，建于 1112 年，中心塔高 65 米，是当时国王的陵墓，现被印在国旗上。吴哥遗址是当时柬埔寨文化艺术水平的反映。

图 4–12 是柬埔寨 1966 年发行的吴哥古迹・波列昂通寺邮票，1951 年发行的金边王宫邮票，1954 年发行的金边塔仔山神庙邮票。

图 4–13

图 4–13 是柬埔寨 1992 年发行的世界文化遗产吴哥窟小型张。

女王宫是柬埔寨三大圣庙之一，原名“湿婆宫”，被誉为“吴哥古迹的明珠”，建成于公元 968 年。中心为 3 座并列的塔形神祠和左右对称的配殿，正中神祠供湿婆神，南面神祠供楚天神，北面神祠供毗奴神。巍峨的塔祠建筑奇巧别致，雕刻细腻优美。塔祠为5层，每层饰有各种神鬼罗刹雕像。塔及其两侧的神龛和门楼上，也是千姿百态的浮雕。1431年，吴哥城被暹罗攻陷，遭到破坏，随后王国首都迁至金边，从此女王宫一直湮没在林海之中。

图4–14是柬埔寨2001年发行的佛教建筑邮票，图案分别为讲经圣坛（200r）、通曼姆（300r）、塔苏姆（600r）、克拉安（1000r）、塔库（1500r）、米波（1700r）、女王宫（2200r）。

万象是老挝首都和历史古城，建于公元574年。老挝古时盛产大象，万象之名为华侨音意参半的译法。万象多寺庙、古塔，有的寺富丽堂皇，原为皇家的庙宇。正殿大厅宽阔，地铺花砖，雕塑精美，建筑巍峨。塔銮由群塔组成，在建筑艺术上享有盛誉。

图 4–14

图4–15是老挝1982年发行的寺院邮票，图案分别为昌赫寺（0.5k）、莫彭寺（0.6k）、东明寺（1k）、胡西寺（2k）、胡费考寺（3k）。

巴厘是印度尼西亚著名的游览区，是爪哇以东的一个岛屿。居民大都信奉印度巴厘教，主要供奉三大天神（梵天、毗湿奴、湿婆神）和佛教的释迦牟尼，还祭拜太阳神、水神、火神、风神等。教徒家里都设有家庙，家族组成的社区有神庙，村有村庙，全岛庙宇成千上万，巴厘岛因此有“千庙之岛”之称。庙宇的墙壁、神龛、横梁、石基上，有各种神像、飞禽走兽、奇花异草等浮雕。神庙中最著名的是百沙基陵庙，有千年历史，建立在阿贡火山山坡，以专祀这座间歇

图 4-15

图 4-16

图 4-17

喷发的火山之神。

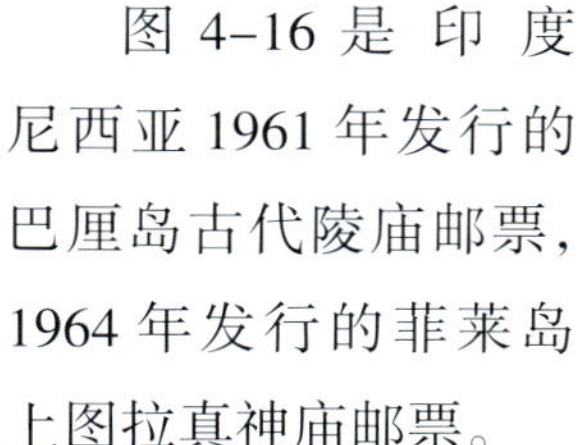

图 4-16 是印度尼西亚 1961 年发行的巴厘岛古代陵庙邮票，1964 年发行的菲莱岛上图拉真神庙邮票。

图 4-18

图 4-17 是印度尼西亚 1997 年发行的伊斯兰风格的建筑，2007 年发行的雅加达 Fatahillab 馆邮票。

图 4-18 是缅甸 1954 年发行的仰光皇宫邮票。

胡志明市是越南南方最大城市和港口，原名西贡或西贡——嘉定市。名胜古迹有动植园、骚坛公园、印光寺、舍利寺、永严寺、天后庙、越南国寺和独立宫等。动植园在市区东北部，西北靠近博物馆，面积 32 公顷，建于 1864 年。园内多稀见植物和珍禽异兽。

顺化是越南历史古都。旧称富春，尚有京畿、神京、京师、京都、长安等名。越南顺化故宫为阮氏王朝皇宫，也是越南现存最大而较完整的古建筑群。18 世纪初叶建筑宫殿，建筑式样基本仿照北京的紫禁城。宫殿崔嵬，主要有太和殿、勤政殿、文明殿等。顺化皇陵为阮朝皇帝的陵墓，散布在香江东西两边的山岭上，共有 6 座，布局威严，环境清幽。

图 4–19 是前南越政权 1964 年发行的越南南方风光邮票，图案分别为西贡国立动植园功臣阁和博物馆（50c）、顺化天姥寺和启定皇陵（1p）、嘉定黎文悦将军庙（3p）。

图 4–19

图 4–20 是越南 1961 年发行的古塔邮票，图案分别为顺化天姥寺塔（1844 年建，6xu）、布特塔（10xu）、平山塔（1226 年始建，1972 年重修，12xu）、查飞拉塔（12xu）。

越南首都河内市还剑湖上的独柱寺，建于 1049 年，是一座印度支那中国风格的寺院建筑。其布局和结构形式非常奇特，正殿建在一个边长 17.3 米的

图 4–20

图 4-21

方形水池中央的石柱上，石柱直径 1.5 米。正殿方 4.5 米，上部为木结构，地板由插在石柱上的水平和斜向支撑木构件组成。

图 4-21 分别是法属印度支那 1939 年发行的越南河内的独柱寺邮票，中国 1960 年发行的河内还剑湖邮票。

3. 南亚、西亚建筑

古印度是佛教的发源地。在这片宗教之花开遍的土地上，最引人注目的名胜是宗教建筑，最热闹繁华的地方是神庙，最精美的手工艺品是神像祭祀用品。印度的文化传统始终贯穿在宗教之中。有的外国人不能理解印度人巨大活力和忘我精神的动力源自何处，可当他们走进印度的寺庙，踏入那片宗教的圣土，便被震撼了。

伽耶是印度教和佛教圣地，位于比哈尔邦中部，恒河支流帕尔古河左岸。全市有寺院 40 所，其中最有名的是供奉印度三大神之一的毘湿奴神庙，庙为 1787 年马拉塔王子阿哈利耶 · 巴伊所建。梵季尼山相传即为佛祖释迦牟尼布道的伽耶山。菩提伽耶为佛祖释迦牟尼悟道之处。早期印度佛教徒以礼拜菩提树为尊敬和纪念佛陀的方式，视佛祖菩提伽耶为佛教圣树。大菩提寺是印度现存最早的砖建佛寺，是释迦牟尼得道成佛之处，也是其一生中的四大圣地之一。

图 4-22 分别是泰国 1971 年发行的印度菩提伽耶的庙宇邮票，中国与印度 2008 年联合发行的大菩提寺邮票。

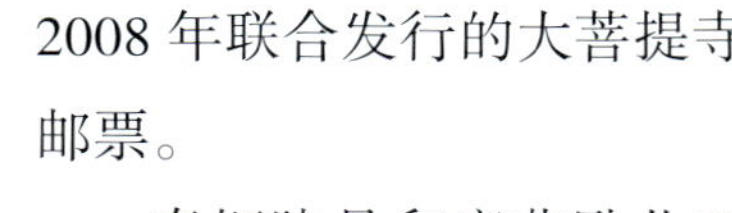

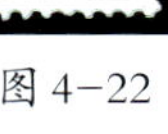
图 4-22

泰姬陵是印度莫卧儿王朝第五代皇帝沙贾汗为其爱妻泰姬 · 玛哈尔修建的。始建于 1631 年，历时 22 年完成。泰姬陵长 576 米、宽 293

米，四周是红砂石墙，整座陵园占地 17 万平方米。中间有一个十字形水池，中心为喷泉。陵墓修建在一座 7 米高，95 米长的正方形大理石基座上，全部用白大理石砌成。寝宫居中，四角各有一座 40 米高的圆塔，为防止倾倒后压坏陵体，塔身均稍外倾。寝宫总高 74 米，上部为一高耸的穹顶，下部为八角形陵壁。四扇高大的拱门门框上用黑色大理石镶嵌了半部可兰经经文。寝宫共分 5 间宫室，宫墙上，珠宝镶成的繁花佳卉，构思巧妙。中央宫室里有一道雕花的大理石围栏，里面置放着泰姬和沙贾汗的大理石石棺。陵墓东西两侧屹立着两座形式完全相同的清真寺翼殿，都用红砂石筑成，以白色大理石碎块点缀装饰。

图 4-23

图 4-23 是圣文森特 2007 年发行的印度泰姬陵邮票。

图 4-24 是印度与韩国 2003 年联合发行的印度古天文台邮票，印度 2005 年发行的加尔各答警察官邸邮票。

图 4-24

斯里兰卡是地处南亚印度洋上的岛国，首都科伦波。西部城市库鲁内格勒为 14 世纪僧伽罗王朝都城。位于象石山麓的教堂，建筑兼具西方传统与斯里兰卡艺术风格。

图 4-25 是斯里兰卡 2000 年发行的库鲁内格勒的教堂邮票，2005 年发行的阿姆彼蒂亚修道院邮票。

图 4-25

图 4-26 是斯里兰卡 2002 年发行的科伦波互助会会堂百年纪念邮票，2005 年发行的邮政总部大楼邮票。

叙利亚位于西亚，西临地中海，居民大多信奉

图 4−26

伊斯兰教。叙利亚有 4000 多年历史，先后受过罗马帝国、阿拉伯哈里法军队和土耳其的征服。第一次世界大战后，沦为法国的委任统治地。1958 年，叙利亚与埃及组成阿拉伯联合共和国，1961 年脱离阿联。

图 4−27

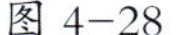

图 4−28

图 4–27 是叙利亚 1961 年发行的帕尔米拉城凯旋门的拱廊和圆柱邮票。

图 4–28 是叙利亚 1961 年发行的圣西门修道院邮票。

西亚的塞浦路斯位于地中海东部，是一个岛国。主要民族为希腊族与土耳其族。希腊居民保持拜占廷的传统，生活方式和建筑形式主要是欧洲式的。塞浦路斯的许多风俗，都与基督教有关。北部的土耳其族居民则认同土耳其文化，信奉伊斯兰教。

图 4−29

图 4–29 是塞浦路斯 1938 年发行的佩里斯特罗纳教堂邮票。

图 4−30

以色列位于西亚的地中海东岸，人口中犹太人占 80%，首都特拉维夫。耶路撒冷为伊斯兰教、犹太教和基督教圣地。犹太教是世界各地犹太人的宗教。由于历史和思想渊源上的原因，天主教习惯上将犹太教称为“古教”。犹太教会堂是犹太人的公共祈祷场所。公元 70 年耶路撒冷被罗马人焚毁，侨居各地的犹太人不能再到耶路撒冷圣殿守节庆，从此会堂便成为各地犹太人的宗教活动中心。

图 4-30 是以色列 1959 年发行的特拉维夫建城 50 周年邮票，附票图案为市徽。

图 4-31 是以色列 1970 年发行的新年邮票，图案分别为波兰克拉科夫的犹太会堂（12a）、突尼斯城的犹太会堂（15a）、荷兰阿姆斯特丹的犹太会堂（35a）、苏联莫斯科的犹太会堂（40a）、美国纽约的谢里斯犹太会堂（60a）。

图 4-31

4. 伊斯兰国家的建筑

清真寺亦称“礼拜寺”，是伊斯兰教徒举行宗教仪式、传授宗教知识的寺院通称。较常见的建筑形式是圆形拱顶的正殿和尖塔式的宣礼楼。主要由大殿、望月楼、宣礼楼、经堂教育讲堂、浴室等组成。礼拜正殿和壁龛背向麦加，以示跪拜的朝向。

图 4-32 是埃及 1959 年发行的爱资哈尔清真寺和圣乔治教堂邮票，1953 年

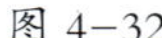
图 4-32

图 4–33

图 4–34

发行的哈桑苏丹清真寺、开罗阿里发清真寺邮票。

图 4–33 是摩洛哥 1968 年发行的塞弗苏清真寺（10c）、塞拉城清真寺（1c）邮票。

土耳其位于亚洲西部和欧洲东南部，98% 的居民信奉伊斯兰教，是一个历史悠久、古老建筑繁多的国度。尼德的胡达温特·哈图公主陵墓是 14 世纪塞尔柱建筑风格的典型。

图 4–34 是土耳其 1956 年发行的哈图公主陵墓邮票，1957 年发行的波斯诗人、伊斯兰苦修士修道会创始人贾拉卢丁·麦乌兰纳墓邮票。

图 4–35 是吉尔吉斯斯坦 1993 年发行的 11 世纪建筑（0.5k）、历史古建筑（1+0.25k）、12 世纪建筑（2+ 0.50k）邮票。

伊斯法罕是伊朗历史名城，位于德黑兰以南 400 多千米，建城历史长达 2500 年。11 ～ 12 世纪的波斯塞尔柱王朝时期始为首都。16 世纪末至 18 世纪初，再次为沙法维王朝的都城。市中心长方形的皇家广场（现名伊马姆广场）周围，屹立着一批古代建筑群，是波斯建筑艺术的代表作，例如，伊马姆霍梅

图 4–35

尼清真寺、谢赫·鲁特福拉清真寺、阿里·卡普宫等。

图 4–36

伊马姆霍梅尼清真寺，原名皇家清真寺，在伊斯法罕市中心。从1612年起阿巴斯大帝花了30多年时间建成，其造型保持了传统的波斯建筑风格。寺院的内外围墙和一些高大圆柱，都以深浅蓝色的小块光彩瓷砖拼嵌成一幅幅瑰丽动人的波斯图案。清真寺有4座高耸的尖塔。站在正殿中心的一块方砖上，对准穹形屋顶拍手或讲话，立刻传来7下回音，因称其为“七音殿”。正殿西面墙壁下，有一块三角形浅绿色大理石，每到正午就没有倒影，实际上起到了日晷的作用。

图4–36分别是伊朗1984年发行的伊斯法罕的伊马姆霍梅尼清真寺邮票，中国与伊朗2003年联合发行的伊斯法罕清真寺邮票。

图4–37是伊朗1984年发行的阿瓦士伊拉姆古国的宗教首都恰高·占比尔遗址、卡兹文伊玛姆扎德·侯赛因清真寺、大不里士的阿克要塞、苏萨的丹尼尔·那比王陵邮票。

图4–38是伊朗1988年发行的文化遗产邮票，图案分别为卡什安的阿拉哈伯祖尔格清真寺、德黑兰夏希德·马特哈里清真寺。

伊斯兰建筑是世界主要古建筑体系之一。中世纪，阿拉伯国家及其他伊斯兰国家的人民根据他们对世界和宗教的理解，创造出独特的伊斯兰建筑文

图 4–37

图 4-38

化体系。以王宫、清真寺、住宅等为代表的伊斯兰建筑有一些显著的特色。

伊斯兰建筑艺术的发展，代表着沙漠中的精神绿洲，也是穆斯林的生存和精神庇护所。伊斯兰建筑平面布局大多为内院式，建筑围绕内庭院而建，庭院中一般都有一个水池，这个水池既可以局部调节干燥火热的沙漠气候，又能给久居沙漠的穆斯林以精神上的慰藉。

图 4-39

伊朗建筑设计中严格的平衡与对称象征着永恒。建筑物中普遍使用拱券结构，拱券的式样富有装饰性，外观以圆形拱顶统一全局。虽然喜欢满铺的内外表面装饰，题材和手法大都类似。但伊斯兰国家的建筑也因地域和民族而异。伊斯兰建筑里没有任何偶像，也不使用人物图案作建筑装饰。正是因为没有人物形象作装饰，才唤起了人们对建筑空间及图案本身的欣赏喜悦。

图 4-39 是沙特阿拉伯 1979 年发行的耶路撒冷阿克萨清真寺邮票，1983 年发行的阿克萨清真寺大门邮票。

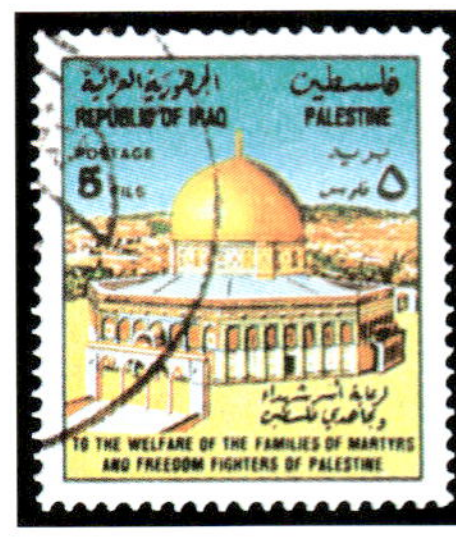
图 4-40

图 4-40 分别是伊拉克 1977 年、巴勒斯坦 1948 年发行的耶路撒冷阿克萨清真寺邮票。

阿克萨清真寺是伊斯兰教第三圣寺，位于耶路撒冷老城东部。始建于公元 709 年马利克哈里发时代，780 年毁于地震，后几经翻修，现保存的大部分建筑是 11 世纪扎希尔哈里发时代留下来的。主体建筑高 88 米，宽 35 米，内耸立有 53 根大理石圆柱和 49 根方柱。圆顶和北门为11世纪增建。清真寺里有一座长方形的大礼拜寺——欧默尔礼拜寺，内有大、小厅堂各一间，大厅称阿齐兹厅；小厅内设壁龛，称扎卡里亚壁龛。清真寺的北门有一座高大的门廊，由7个独立的拱门组成，每一座拱门又与清真寺大殿的一扇门遥遥相对。清真寺前有“卡斯”水池，人们常常聚集在池边作礼拜前的小净。

图 4-41

图4-41是巴基斯坦1961年发行的东巴小金清真寺大门邮票，1979年发行的易卜拉欣·汗·马克利墓邮票，1954年发行的拉合尔的印度莫卧儿皇帝贾汗季的陵墓邮票。

图4-42分别是吉布提1938年发行的清真寺邮票，突尼斯1954年发行的巴布艾尔哈德拉大门邮票。

图 4-42

埃及首都开罗是世界上最古老的城市之一。公元642年初建时，是尼罗河东岸一个小村镇。969年，阿拉伯帝国法蒂玛王朝征服埃及，在小镇北面建城定都，13世纪起发展为贸易和文化中心。城中现代文明与古老传统并存，西部以现代化建筑为主，具有当代欧美建筑风格。东部则以古老的阿拉伯建筑为主，有250多座清真寺集中于此。城内清真寺的高耸尖塔，随处可见，故开罗又称为“千塔之城”。

图4-43是阿拉伯联合共和国（今埃及）1971年发行的伊斯兰清真寺尖塔邮票及附票，图案分别为Qalawun设计的尖塔（5m）、As Saleh设计的尖塔（10m）、Isna设计的尖塔（20m）、Al Hakim设计的尖塔（55m）。

图 4–43

图 4–44

图 4–45

图 4–44 是利比亚 1985 年发行的传统建筑门饰邮票。

图 4–45 是阿尔及利亚 1977 年发行的博物馆建筑邮票。

五

多姿多彩的世界民居

人类生活的大部分时间是在住宅里度过的，民居占据着建筑文化的“半壁江山”。民居体现着族群心态，是有形的民族文化模式。它既满足了不同民族、地域人群的价值观念、风俗习惯和审美情趣，也向世界提供了展示其生活品位的独特景观。

1. 中国传统民居

中国疆域辽阔，地形复杂，气候多样，自古以来民族众多，文化各异。无论是农耕社会造就的城乡民居，还是放牧生活形成的移动式民居，这些充满民俗文化色彩的民居建筑形态繁多，特色鲜明。中国传统民居依据地理位置与气候条件的差异，可划分为四个不同的地区类型。

（1）北方地区

北方地区主要包括东北、华北、西北等“三北”地区。这些地区面临冬季寒冷的气候，因此室内防寒保暖是民居必须解决的首要问题。

图 5-1 是中国发行的民居邮票中的内蒙民居、东北民居。

图 5-1

东北民居邮票上是吉林省延边地

区朝鲜族廊式住宅和吉林省蒙古族马架房。朝鲜族民居大都带有廊子，便于进门时脱鞋。屋内居室有火炕，各室用拉门相隔。蒙古族的马架房在山墙开门，马架房平面近方形，屋顶近似椭圆，全部用泥壁，房屋低矮，门窗较小。

图 5-2

北京四合院布局特点是围绕院子四周布置堂屋、住房和厨房。以坐北朝南的正房为主，面对间数和正房相等的南房，配以相对称的东西厢房。一般在抬梁式木构架外围砌砖墙，屋顶以硬山式居多。院子东南角设大门，进大门是依扶厢房山墙的影壁。四合院的形态布局讲究，环境幽静，具有很强的私密性。

图 5-2 是中国发行的民居邮票中的北京民居、山东民居、山西民居。

在西北黄土高原干旱地区最典型的穴居式民居是窑洞。它是保存原始建筑特征最多的民居建筑模式，被建筑学界列入“生土建筑民居”一类。在中国的中西部河南、山西、陕西、甘肃等省黄土地区，人们建造各种窑洞式住宅与拱券住宅。洞顶呈穹窿形，跨度 3 ～ 4 米。前面装上门窗，冬暖夏凉。

图 5-3

青海东部的传统民居，采用木构架承重，屋面坡平缓、带有檐廊。居室 3 间为一组，堂屋居中，两侧是卧室。檐下木雕装饰精细，窗格图案样式多样。

图 5-3 是中国发行的民居邮票中的陕北民居、宁夏民居、青海民居。

（2）西南地区

西南地区最大的特点是高山多、江河多、民族多，地处高原、盆地的地理环境使这里的民居具有独特的景色。其中雪域高原西藏各个地区的民居形态各异，主要有碉楼、牛毛帐篷、土掌房、木楼、竹楼和高原窑洞等。碉楼是西藏城镇常见的民居形式，因其用土或石砌筑，形似碉堡，俗称“碉楼”。内部以密梁构成楼层和屋顶，一般为 2～3 层，平屋顶。窗口大，便于采光。底层是牲畜和贮藏草料的地方，2 层为居室，3 层以经房为主，附有晒台。装饰鲜艳，具有浓郁的民族特色。

图 5-4 是中国发行的民居邮票中的西藏民居、云南民居，1998 年发行的傣族建筑邮票。

图 5-5 是中国发行的民居邮票中的四川民居、贵州民居。

图 5-4

四川盆地交通不便，多为山地，气候炎热多雨，潮湿。住宅的特点是敞开外露。房屋通常用穿斗式木构架，悬山式屋顶，前坡短，后坡长。多外廓，深出檐。利用砖石竹木材料，依山傍水，随势而筑。

贵州民居一般由 3 间正房两间偏房组成，木构架房梁，墙身和屋面都用石板嵌盖。造型美观，结构简单，具有古老、原生的山寨景观。

图 5-5

（3）长江沿岸地区

长江沿岸地区主要包括华中、华东等地区，即人称“江南水乡”。这一地区人口稠密，留存下浩如烟海的个性强烈的传统民居建筑，展现出一幅水乡“小桥、流水、人家”的生活图景。

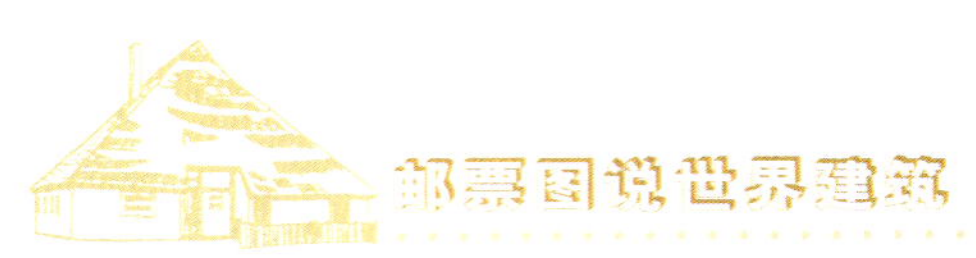

湖南民居建筑平面多由前后两个一明两暗的3间房组成，单体采用“三间四架”、“五柱八棋”的典型构架。中为内院，植以花木。房屋空间高敞，青瓦白粉墙，山墙一般为风火墙，高出屋脊。

图5-6是中国发行的民居邮票中的湖南民居、江西民居。

江苏河网密布，降雨量大。江苏民居屋檐较宽，院子围以高墙成封闭式，以减少太阳照射。外观粉墙灰瓦，色调淡雅。一般为2层楼房，穿斗式木构架，并建有阁楼。不仅房屋前后开窗，院墙上也开漏窗，以利通风。

图5-6

浙江境内丘陵起伏，炎热多雨。浙江民居随地势而建，房屋结构常用穿斗式木构架。细长的木柱裸露外面，墙壁用木板围成，窗洞上装饰着花格。屋顶上面朝河的阁楼和3层楼的处理，使整个造型有虚有实。

图5-7

图5-7是中国发行的民居邮票中的江苏民居、浙江民居。

图5-8是中国2001年发行的水乡古镇邮票，图案分别为昆山周庄、吴江同里、桐乡乌镇、湖州南浔、吴县甪直、嘉善西塘。

上海的旧住宅以里弄“石库门”最具代表性。内部道路有总弄、支弄，大片住宅沿支弄成排布置，互相毗连，每户则独门独院。外门为黑漆石库门，内有小天井，供通风采光。房屋2～3层，底层是客堂、厨房，楼上是卧室，顶层有阁楼和晒台。青瓦坡屋顶。正立面和墙头、大门等处作简单装饰。

图5-9是中国发行的上海民居邮票，中共一大会址邮票，安徽民居邮票。

安徽民居一般以三合院或四合院为基本单位，多为各种造型的二三层楼房，梁柱步架结构。院落内有天井，各室门窗都面向天井。

徽州的村落注重整体规划，选址巧妙，结构完整。传统民居建筑讲究负阴抱阳，依山就势，利用水源，因地制宜，其中最典型的就是世界文化遗产的水乡西递、宏村建筑群体。其特点是黑瓦白墙构成的点线面，黑白灰的有机组合，有如一幅衬托在青山绿水中的水墨画卷。宏村最具特色的就是遍布全村的人工水系。

图 5-10 是中国 2004 年发行的皖南古村落 · 西递、宏村邮票，图案分别为牌楼、古建筑群、南湖、月沼。

图 5-8

图 5-9

（4）东南沿海地区

东南沿海地区包括华南、台湾地区等，是中国依山临海、气候炎热的地区，民居建筑别具一格。

图 5-11 是中国 1998 年发行的岭南庭园邮票，图案分别为可园、梁园、清晖园、余荫山房。

图 5-10

福建土楼形成于宋元，成熟于明末、清代和民国时期。福建土楼的形成与历史上中原汉人几次著名大迁徙相关。北方战祸频仍，当地民众大举南迁，形成了以闽南话为特征的福佬民系和以客家话为特征的客家民系。长期以来客家聚族而居，形成几百座庞大的群体住宅、古堡式的大圆楼。福建土楼所在的闽西南山区地势险峻，人烟稀少，一度野兽出没，盗匪四起。聚族而居既是根深蒂固的中原儒家传统观念要求，更是共御外敌的现实需要。福建土楼多具完善的防御功能。其外墙厚1～2米，下面两层为仓库、厨房、杂用间，不开窗，3层以上住人。中央建堂供族人公用，并有深井供水。仅有的坚固大门一关，土楼便成坚不可摧的堡垒。

图 5-11

2008年福建土楼被列入《世界文化遗产名录》。专家们指出，中国“福建土楼”获得通过的原因是，它是东方血缘伦理关系和聚族而居传统文化的历史见证，是世界上独一无二的大型生土夯筑的建筑。

图 5-12 是中国发行的民居邮票中的广西民居、福建民居、台湾民居。

台湾城镇住宅都是独家独院，农家多用三合院，房与房之间用回廊互相串通，以避免日晒雨淋。屋面前后两坡落水，屋脊屋角向上翘起，屋檐墙壁、门窗饰有花纹并涂以彩色。有人认为台湾民居邮票上的民居属闽南民居，而非台湾土著民居。

图 5-12

2. 各大洲古老民居

由于自然环境和文化习俗的不同，世界各国各民族丰富多彩的民居建筑艺术都具有鲜明的异域风土人情。

亚洲的温带、亚热带地区，因盛产稻米、竹林，农村地区的民居多采用稻草、竹木为材料，草房竹屋成为亚洲民居的一大特色。亚洲北部的游牧民族则采用毡制成“蒙古包”，防寒保暖，便于折装搬运。时至今日，这些就地取材，简便适用的古老民居仍在许多地区被大量使用着。

在东南亚许多农村、山区，为了避开炎热、潮湿和森林中毒蛇猛兽，当地人用木料和竹料搭建高脚屋。房子一般建在离地面两三米高的木桩上，房子下面可饲养家禽、放置家具。屋顶多用茅草或棕榈叶覆盖，也有用竹筒的半片相互咬合盖成。地板用剖开的竹片铺成。

越南人在建造做饭的锅台时一般不安置烟囱。因为越南人的传统住宅是竹房子，竹子容易生虫，影响竹房子和竹家具的寿命，做饭的锅台不置烟囱，可以让炊烟在房内缭绕，将竹竿熏得坚硬如铁，不易长虫。竹房子以粗实的竹竿当柱做梁，用劈开的竹片编制墙壁和门窗。墙壁两面涂上一层泥巴，屋顶用茅草或树叶覆盖。

图 5-13 是南部越南 1957 年发行的高床山的茅屋邮票。

图 5-13

图 5-14

图 5-14 是越南 1986 年发行的少数民族民居邮票，图案分别为黑傣族民居（1d）、农族民居（1d）、白傣族民居（2d）、西族民居（3d）、芒族民居（3d）、土族民居（5d）、西原族民居（5d）。

蒙古在草原上生活的牧民居住“蒙古包”。蒙古包通常高 2 ～ 3 米，直径 4 ～ 7 米不等。屋顶为伞骨形状的圆顶，四周用条木组成网状的圆形围壁，屋顶和围壁复盖白色厚毡，再用毛绳从外面勒紧。其特点是易于拆装、搬迁。蒙古包的门一定朝东方，包门用木板，上涂红色。夏季则挂芨芨草编成的帘子。

图 5-15 是蒙古 1974 年发行的蒙古包邮票。

土耳其位于亚欧两洲相接处，境内以高原山地为主，沿海有狭窄平原。沿海和内陆多数地区属亚热带地中海气候，内地部分地区属热带草原、沙漠气候。处在这样的自然地理环境，土耳其的大多数村镇及民居均傍山依崖而建，具有很强的抗暴风骤雨、耐高温寒冷的功能。

图 5-15

图 5-16 是土耳其 1978 年发行的土耳其式房屋

邮票，图案分别为17世纪伊斯坦布尔博斯普鲁斯的房屋（1L）、18～19世纪萨夫拉博鲁的房屋（8L）、18世纪伊兹米特的房屋（2.5L）、18世纪库拉的房屋（3.5L）、18～19世纪米勒斯的房屋（5L）。

图 5-16

许多原生态的非洲、大洋洲古老民居，是由当地土著人在长期的生活和劳动过程中创造出来的。这些民居的建筑材料就地获取，以竹、木、茅草等为主，建造与使用均不会造成环境污染。民居建筑在抵御各种气候和自然变化的危害及影响方面，具有很好的安全性能，而且还有很多令人耳目一新的独特景观。

贝宁人民共和国南部科托努附近，有一个坐落在天然深湖诺库湖上的水上村镇冈维埃，被称为“非洲威尼斯”。这里居住着1.2万居民，数以千计的茅草屋屹立在高出水面1米多密密麻麻的木桩上。居民们出门串户或赶集都要乘船。当地人依靠在诺库湖捕鱼为生，男人捕鱼，妇女负责捕捞后的贮藏、加工及到湖岸边的集市上出售。

图5-17是达荷美共和国（今贝宁共和国）1975年发行的水上村庄邮票。

图 5-17

非洲大陆的许多地区干旱少雨，处于热带沙漠性气候。当地传统民居都是采用树叶、茅草作成厚厚的屋顶，以营造烈日酷暑下的一片安宁。

有些非洲部族居住的房屋是低矮狭小的茅

草屋，这种房屋只能够供家人做饭和睡觉用。有的房子直接从地面盖起，床铺高出地面；有的是高出地面 1 ～ 3 米的高脚屋。狭小简陋的房屋用硬木做柱子，房顶用藤叶、茅草覆盖，大多数只装有单扇门，没有窗子。炉子设置在房屋中央，用以煮饭取暖。晚上一家人在席子上睡觉。

肯尼亚和坦桑尼亚中部一带的马萨伊人，居住的房屋是一种蚕茧式建筑，被称为“蚕茧屋”。房子的墙壁是用树枝编织的，上面盖着茅草树枝，以及用牛粪拌着粘土涂抹上去的泥巴。屋顶是椭圆的半拱形，长五六米，宽4米左右，有 1.5 米左右高，出入时要弯腰。整个房屋的形状犹如半个蚕茧。屋内有两个对等间，前面用石块筑有一个炉灶，并放有石凳、石桌以及用树枝编织而成的碗架。后间为卧室，床上铺着骆驼皮或芦苇席子。有趣的是这种房屋都是女主人建造，她的丈夫则坐享其成。

图 5–18

图 5–19

图 5–18 是比属刚果 1931 年发行的基伍湖畔土著民居邮票。

非洲的许多地区每个部落都建有一个大型的建筑，名为“阿特”。它是每个部落聚会、举行传统仪式和接待来访者的地方。在以往部落战争频繁的年代里，这里还是战争的指挥部，全部落男子都要在此集中，随时待命出发。这些部落会堂是以硬木做柱和横梁，茅草盖顶，泥土铺地。每个部落“阿特”门前还放着一尊木刻人像，象征部落的图腾崇拜。

还有的部落分村而居，一个村大约有四五十人，房屋呈圆形，用树干、树枝、树叶造成，用藤蔓捆绑，十分坚固。所有房屋都建在一个圆周内，全村上方，有一个共同的大屋顶，村庄中心有一个空场，供全村集合使用。

图 5–19 是坦桑尼亚 1977 年发行的非洲民居邮票，图案分别为部落会堂、医疗帐篷。

大洋洲位于太平洋西南部赤道南北的浩瀚海域中。大洋洲共有1万多个面积大小不等的岛屿，故有“岛大陆”之称，是全世界面积最小、岛屿分布最为零散的一个洲。

澳大利亚南部塔斯马尼亚人有一种圆顶棚屋。因为这里比北部冷，棚屋造得比较严实。这种房屋用茅草和树皮盖成，四面下垂。棚屋很大，可住15个人，但只有一个小门。冬季屋里放许多鸟类羽毛作御寒之用。

太平洋中南部的瑙鲁、所罗门群岛、西萨摩亚等岛屿，地处赤道附近，终年皆夏，暑热多雨。生活在这里的波利尼西亚人和美拉尼西亚人，用椰树作房架，棕榈叶或蒲草作盖，搭建成各种圆形、椭圆形或方形的大而低垂的住房。这种房屋四周无墙，挂着蒲草编织的帘子，掩映在郁郁葱葱的椰林深处，犹如凉亭。

巴布亚新几内亚独立国位于南太平洋西部，包括新几内亚岛东半部及附近俾斯麦群岛、布干维尔岛等600余个大小岛屿。人口约519万，多为美拉尼西亚人。诸岛地势崎岖，平原和沼泽散布于沿海地区，森林覆盖率达86%以上。当地的土著人在生活起居方面长期保留着传统的风俗习惯，不仅服饰、舞蹈庆典习俗五彩缤纷，所建房屋亦富有民族性。由于地处热带草原和雨林气候，加之火山较多，地震频繁，致使这里的古老民居具有鲜明的热带地域特色。

图5-20是巴布亚新几内亚1952年发行的酋长住房、储藏木薯的房屋邮票。

图5-21是巴布亚新几内亚1971年发

图5-20

图5-21

图 5-22

行的土著民居邮票，图案分别为东部山区的圆形高顶房屋（5c）、高架屋（7c）、三角洲地区的房屋（10c）、供奉塞皮克和人的灵魂的房屋（40c）。塞皮克河是巴布亚新几内亚西北部的主要河流，向东北流入俾斯麦海，全长 965 公里。

西萨摩亚是南太平洋的一个岛国，地处赤道附近。因当地气候炎热，修建的住房很像中国的凉亭，一般居民的住房是用几根木柱支撑着屋顶的圆形或长方形茅屋，四周无墙、无门、无窗，只挂一些草帘，放下遮阳避暑，卷起可通风纳凉，地板高出地面一二尺，可防雨水灌入，就连首都阿皮亚的议会大厦也是这种凉亭式的。特殊的地理环境决定了西萨摩亚人的这种住房，这里不仅气候炎热，而且处在太平洋的地震带上，每年都要发生十几次六级以上地震，凉亭式茅屋轻便易建，倒塌一般不至伤人性命，震坏重建方便。

图 5-22 是西萨摩亚 1984 年发行的墨尔本世界邮展小型张，图案为当地茅亭式住宅。

3. 欧式洋房、别墅

欧洲式住宅、别墅风格，按不同的地域文化可分为不同的样式。其中的田园风格于17世纪盛行于欧洲，强调线形流动的变化，色彩华丽。在形式上以浪漫主义为基础，装修材料常用大理石、多彩的织物、精美的地毯、精致的法国壁挂，整个风格豪华、富丽，充满强烈的动感效果。另一种是洛可可风格，其特点是爱用轻快纤细的曲线装饰，效果典雅、亲切，欧洲的皇宫贵族都偏爱这种风格。

欧式的居室有的不只是豪华大气，更多的是惬意和浪漫。欧式风格通过完美的曲线，精益求精的细节处理，带给家人不尽的舒适感，实际上和谐是欧式风格的最高境界。

欧式风格很讲究造型。门的造型设计，包括房间的门和各种柜门，既突出凹凸感，又有优美的弧线，两种造型相映成趣，风情万种。柱的设计也很讲究，例如典型的罗马柱造型，使整体空间具有更强烈的西方传统审美气息。

图5-23是瑞士1945年发行的国庆日附捐邮票，图案分别为侏罗山农场（10+10c）、埃门塔尔农场（20+10c）、瑞士东部的木屋（30+10c）。

图5-24是英属马恩岛1977年发行的佩尔的莫里森山避暑小屋邮票。

有趣的是，欧美各国不仅住宅、别墅的建筑硬件体现出欧式风格，在住宅、别墅的居住过程的软件方面，同样体现出独具特色的欧式文化风范。

欧美各国在居住方式上有种种习惯或规定，德国还制定了专门的住房规则。法国、比利时和荷兰人非常注意住宅周围有没有噪声，为了保持居住环境的安静，法国规定从晚上八点半至第二天早上七点，禁止小孩吵闹、游戏；比利时规定不允许小孩玩得很晚，或大声喧哗影响邻居。美国以及澳大利亚一些城市规定不能往墙上钉钉子。

图5-25是美国1972年发行的弗吉尼亚州沃尔夫特拉普农场景象邮票，1977年发行的加州阿尔塔

图5-23

图5-24

图 5-25

早期住宅邮票。

图 5-26 是新西兰 1982 年发行的奥克兰 1867 年的英国农舍展览邮票，1990 年发行的帕默斯顿别墅、纳尔逊的绿化住宅邮票。

图 5-26

德国住宅是欧式住宅的典型代表，以质量高、安静、舒适、方便、卫生而闻名。德国小住宅一般分两层或三层，从组合方式看，大多数为独院式，四面临空，不与其他建筑相连。院与院之间不用高围墙，而采用矮墙、植树、绿篱或以道路围合，形成独立的小院，没有院门，全部是敞开式的，空透不遮视线。院内栽满了花草树林，即使是冬季，草地也是绿油油的，小花园美化了环境，给人一种温馨和亲切之感。沿着街道望过去，其建筑整齐美观，不同色彩的平、坡屋顶跃动于层层翠绿之中，令人心旷神怡。在德国，很少发现一处有两栋外型相同的小住宅，而是各自造型独特。

德国住宅的建筑造型层次丰富，有浓郁的生活气息。屋顶大多数采用双坡瓦屋顶，少量为单坡、平顶或其他屋顶形式。选材强调本身的质感与色彩效果，门窗造型强调几何关系，大多数窗户有形状不同或雕刻花样不同的窗套，与平整的墙面形成质感和色彩的对比，协调而丰富，欧式建筑味十足。家家户户的阳台栽满了鲜花，环境的柔和气氛同建筑的挺拔造型相衬托，产生一种韵律。

图 5-27 是民主德国 1981 年发行的民间建筑艺术邮票，图案分别为察尔斯多夫民宅（10pf）、措伊伦罗达县魏克尔多夫民宅（25pf）、埃森巴赫民宅（50pf）、吕根岛贝根县格罗斯·胡特民宅（20pf）、法兰克富县皮利格拉姆民宅（35pf）。

德国住宅的细部处理也很到位，窗的设计充分考虑了通风、采光、防盗三大问题，窗框材料大部分为塑钢，窗扇既能平开又能翻转，翻转时下部固定，上面翻开大约25度左右，既解决了通风问题，同时又满足了防盗的要求。每窗窗扇很大，避免了中间窗框遮光问题，因此采光效果较好。

图 5–27

图 5–28 是斯威士兰 1981 年、1984 年发行的各种欧式洋房建筑邮票。

风车塔房是荷兰民族习俗的象征。至今鹿特丹以东不到五英里的肯德代克村，仍有 19 个建于 18 世纪 30 ～ 40 年代的风车，据说这是世界上最大的风车

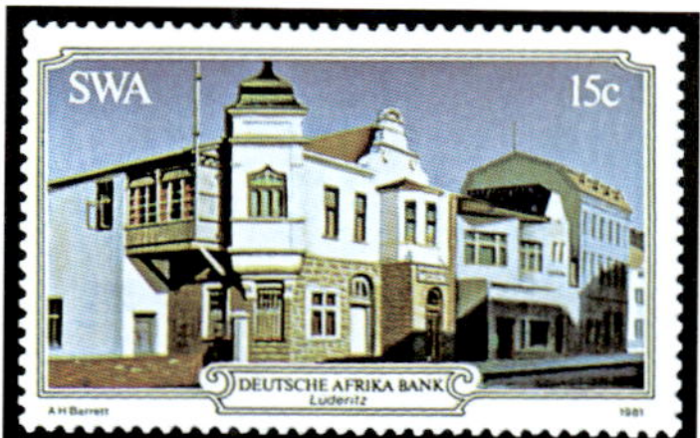

图 5–28

群。这种风车是有着木制齿轮、轱辘支架等类似于钟表结构的塔房。四片长方形翼板固定在塔房顶部突出的风标上。塔房呈圆维形，墙壁自下而上逐渐向里倾斜。村里的居民都住在这样的塔房里。

塔房内部大铁钉楔在光溜溜的砖墙上，用来挂工具、灯具和衣物。在靠墙的柜子里铺上褥子，上方再挂上小孩摇篮，便是他们睡觉之处。塔房里有好多层，下面几层由墙壁隔成不同形状的屋子，上面几层没有隔开，是几个完整的圆屋子。这个村有的人家已在风车里居住了 250 年。1945 年后，由于使用了柴油排水泵，这个村的风车就被弃置不用了，但这些静静矗立在水乡原野中的优美风车，却给人们带来一种思古之幽情。

塔式风车房与芦苇盖顶的小屋是荷兰极具特征的民居，随着时光的变迁，现在它已成为世界各国人们旅游荷兰时极其珍视的景致。至今保存完好的风车已不多，荷兰的莱登大学就有一个风车博物馆。

图 5-29

图 5-29 是中国与荷兰 2005 年联合发行的荷兰风车邮票。

荷兰坐落在地球的盛行西风带，一年四季盛吹西风。同时它濒临大西洋，又是典型的海洋性气候国家，海陆风长年不息。这就给缺乏水力、动力资源的荷兰提供了利用风力的优厚补偿。

荷兰的风车，最早从德国引进。开始时，风车仅用于磨粉之类。到了 16 ～ 17 世纪，风车对荷兰的经济有着特别重大的意义。当时，荷兰在世界的商业中，占首要地位的各种原料，从各路水道运往风车加工，其中包括：北欧各国和波罗地海沿岸各国的木材，德国的大麻子和亚麻子，印度和东南亚的肉桂和胡椒。在荷兰的大港——鹿特丹和阿姆斯特丹的近郊，有很多风车的磨坊、锯木厂和造纸厂。

根据当地湿润多雨、风向多变的气候特点，他们对风车进行了改革。给风车配上活动的顶篷；为了能四面迎风，又把风车的顶篷安装在滚轮上。这种风车被称为荷兰式风车。荷兰风车最大的有好几层楼高，风翼长达 20 米。有的风车由整块大柞木做成。18 世纪末，荷兰全国的风车约有 1.2 万架，每台拥有

6000 匹马力。这些风车用来碾谷物、粗盐、烟叶、榨油、压滚毛呢、毛毡、造纸以及排除沼泽地的积水。

图 5–30 是民主德国 1981 年发行的技术发展的纪念碑——风车邮票，图案分别为多贝尔楼阁式荷兰风车和磨坊、德累斯顿高力斯塔式风车和磨坊。

图 5−30

对欧式洋房、别墅的喜好之风，也影响着亚洲等地的上流社会人士。在中国、日本、东南亚等一些国家，由于欧洲商贾、移民的到来以及与欧洲有工商、外交往来的人士的偏爱，在一些对外开放的商埠城市也建起了许多欧式洋房、别墅，成为城市中的一道异域文化风景线。

图 5–31 是中国香港 1985 年发行的圣约翰教堂（1s）、高等法院（1.3s）邮票，1988 年发行的天主教总堂（60c）邮票。

图 5–32 是中国香港 1987 年发行的德已立少将官邸（1.7s）邮票，1996 年发行的香港大学本部大楼（1.3s）、旧病理学院（3.1s）邮票。

图 5−31

图 5−32

图 5–33

1868 年日本明治维新以后，日本建筑形式开始仿效西欧，其最大变化是由原先的木结构逐渐改变为砖木混合或砖石结构。从此，日本建筑历史发生了重大转折，开始进入现代建筑发展阶段，在全国各地出现了众多的西欧化的“洋风建筑”。

图 5–33 是日本 1981 年发行的洋风建筑邮票，图案分别为大浦天主教堂、表庆馆、原开智学校校舍、同志社礼拜堂。

图 5–34

图 5–34 是日本 1982 年发行的洋风建筑邮票，图案分别为圣约翰教堂、尾山神社神门、原北海道厅厅本部、原西乡从道住宅。

日本的古代建筑最初是吸收中国南北朝和隋唐建筑文化的精华后，逐渐使之日本化，由此创造了富有自己民族特色的建筑文化。日本的近代建筑则是仿效西欧建筑后，形成了别具一格的洋风建筑传统。从古至今，外来文化对日本建筑的影响都反映出日本是善于借鉴、富于创造的兼收并蓄能手。

六

城市的个性与情调

大自然总是最周到的，它在创造“丰富”的时候记得要“不同”，它创造“不同”的时候，也会记得要“和谐”。人与自然和艺术之间只有遵循这样的法则，才能拥有美丽的世界，动人的建筑。

1．古今街景的韵味

城市是人口集中、工商发达、居民以非农业人口为主的地区，通常是周围地区的政治、经济、文化中心。城市是人才荟萃、能工巧匠云集、建筑艺术富有时代魄力的地区，从中可以使人感受到它不同凡响的岁月沧桑。

城市是有个性、有情调的。其个性与情调来自于这座城市蕴含的历史文化，来自于城市建筑物的风格特色，这些构成了城市古今街景的韵味，与众不同的风姿。在摄影技术尚未发明的年代，不能身临其境的人，对一座城市的认知和感受只能来自口头讲述、文学描写及画家笔下。历代中外画家为后人留下了大量描绘城市个性与情调的丹青佳作，使我们今天能够品味当年迷人的街景，领略岁月浪漫的时代印记。

图 6-1

图 6-1 是摩纳哥 1982 年、1984 年发行的“鼎盛时期”（1871 ～ 1925）的摩纳哥和蒙特卡洛邮

图 6–2

票，图案分别为1893年的王宫贵宾门，1908年的格里马尔迪大街。

图6–2是苏联1947年发行的莫斯科800周年邮票，图案分别为卡卢加大街、沃斯克列克斯基大门。

图6–3是摩纳哥1972年发行的威尼斯的圣马可广场教堂和钟塔邮票。

图 6–3

德意志联邦共和国位于欧洲中部，北临北海和波罗的海。德国有不少城市具有国际型都市风范。柏林是德国首都，政治文化中心。法兰克福是战后经济复苏中心，堪称“第二首都”。汉堡是德国著名的工业城市，公元9世纪建城。城内河道纵横，有桥梁1500多座。阿尔斯特湖周围有很多古老的建筑，圣米歇尔教堂最为著名。慕尼黑原为小镇，1939年《慕尼黑协定》在此签定后渐为人知，现为世界著名的博览会城、音乐城，20多座歌剧院以华丽高雅著名，还有融文艺复兴、巴洛克、洛可可和古典式建筑为一体的老王宫。

图6–4是联邦德国1969～1972年发行的旅游城市邮票，图案分别为陶伯尔河上游罗腾堡市建筑、巴伐利亚州奥伯阿梅尔高风光、莫泽尔河畔赫姆风光、弗赖堡的大教堂。

图 6–4

波恩曾为首都，现为国家政治管理中心所在地，全市1/3是森林和公园。古迹和博物院有市政厅、哥德斯堡、大教堂、科林博物院和柯尼希动物博物院等。波茨坦曾为陪都，14世纪建市，犹如由园林和宫殿组成的艺术珍品，有“法国凡尔赛”之称，无忧宫及其花园非常经典美丽。科隆为巴伐利亚洲首府，德国最具有代表性的城市之一。科隆大教堂是世界建筑史上的奇迹，1248 年修建，为宏伟的歌特式大教堂。

图 6–5

图 6–5 是联邦德国 1971 ～ 1972 年发行的旅游城市邮票，图案分别为戈斯拉尔市风光、纽伦堡市中心、赫耳果兰岛风光、海德尔堡建筑。

比萨斜塔是意大利著名的古代文化遗产，是属于比萨大教堂的一座钟楼。1174 年动工，1350 年完工，为 8 层圆柱形建筑，塔高 54.5 米。塔身墙壁底部厚约 4 米，顶部厚 2 米余。从下而上，外围 8 重拱形券门，由底层 15 根圆柱，中间 6 层各 31 根圆柱，顶层 12 根圆柱，建成 213 个拱形券门而成。全部采用大理石，重达 1.42 万吨，造型古拙而又秀巧，为罗马式建筑的范本。顶层为钟楼，塔内有螺旋状楼梯 294 级，盘旋而上塔顶，可眺望比萨城全景。

塔因造基不慎，兴建至第三层即出现倾斜现象，被迫停建达一个世纪之久，尔后继续施工建成之时，塔顶中心点即偏离垂直中心线 2.1 米。600 多年来，塔身继续而缓慢地向外倾斜，故称“斜塔”。现在塔向南的斜度为 5.3 度，顶部中心点偏离垂直中心线达 4.4 米。由于其倾斜度有增无已，从外表看来，已岌岌可危。这种“斜而不倾”的现象，是使比萨斜塔遐迩闻名的原因。从而使世界各地游客纷至沓来，争相一睹斜塔风采。

图 6–6 分别是意大利 1973 年发行的比萨斜塔 800 周年邮票；西班牙 1960 年发行的塞维利亚斗牛场邮票。

西班牙位于欧洲大陆西南处的伊比利亚半岛。西班牙所处的独特地理位置，使它成为欧洲、美洲、非洲、拉丁美洲和中东之间来往的纽带与桥梁，所

图 6-6

以，西班牙在地理上具有“门户”之要。

提到西班牙，人们都会想到场面热烈的斗牛表演，这种西班牙民族独有的民众活动被誉为西班牙国粹。每年从 3 月 19 日圣约翰节那天到 10 月 12 日西班牙国庆节这天止，是西班牙传统的斗牛季节。除此之外的日子里，西班牙仍有各种规模不一的斗牛表演。于是有人说，西班牙的疯狂热情一旦离开了足球场就一头扎进了斗牛士的红色斗篷里，他们对于斗牛的热衷程度充分显示出西班牙民族天生的冒险精神。

在斗牛场上，西班牙民族豪爽粗犷的性格都得以尽情体现。场上座无虚席，在成千上万的观众的欢呼声中，斗牛士穿着装饰极为隆重的短衫（西班牙人称其为“光之服”），一手拿着如火一样鲜艳的斗篷，一手持短剑。使生命的艺术与原始的人兽之战能优雅浪漫而热烈地结合起来。

图 6-7 是匈牙利 1983 年发行的第 56 届邮票日小型张，图案为 1845 年的布达佩斯圣灵教会广场。

图 6-7

图 6-8 分别是苏联 1990 年发行的格鲁吉亚第比利斯 · 诗人巴拉塔什维里纪念碑邮票；捷克斯洛伐克 1988 年发行的布拉格宫内的喷泉邮票；巴西 1979 年发行的金字塔喷泉邮票。

图 6-8

城市之魄往往体现为城市的独特个性魅力。一座历史文化悠久的城市，它的个性与情调表现在许多人性化的环境与精致的装饰细节。从广场的雕塑、街头的路灯、房屋的窗户，到恬静的花园、温馨的喷泉，无不散发出时代的气息和温馨的格调。

图 6-9 是中国 1994 年发行的经济特区邮票，图案分别为深圳、珠海、汕头；2004 年发行的苏州工业园区邮票。

城市建筑是一方文明的具体表现，表述的是这个群体的精神。城市建筑中，不论中西，与自然融合的都是那么贴切恰当，时光将自然与人为、思想与行为淆柔得毫无缝隙。什么样的环境造就什么样的人文。有了这样的内涵，才会有特色鲜明的乐律与气势。虽说不同的城市建筑与街景风格迥异，情调截然，但都成了所处环境不可或缺的重要部分。

图 6-10 是中国香港 1990 年发行的香港电力 100 年小型张，邮票图案分别为 40 年代的街灯（1.40s），80 年代的街灯（5s），小型张图案为 19 世纪的香港街景。

图 6-9

图 6–10

图 6–11 是西柏林 1979 年发行的街道路灯照明 300 周年邮票，图案分别为柏林古老路灯煤气灯、电灯、煤气双吊灯、五枝形烛灯。

图 6–12 是捷克斯洛伐克 1977 年发行的布拉格文艺复兴时期的窗户邮票，图案分别为米奇那宫窗户、米奇那宫窗户、特亨宫窗户、赫拉德查尼宫窗户、圣尼古拉教堂窗户。

图 6–13 是民主德国 1980 年发行的巴洛克式园林建筑邮票，图案分别为格罗斯迪兹音乐喷泉、魏马望景楼·橙园、德恩伯格花圃、莱茵斯贝克宫花园。

19 世纪前后，工业革命的浪潮席卷西方资本主义国家，大机器生产

图 6–11

图 6-12

图 6-13

为城市发展提供了强大的动力，城市开始以空前的速度向外扩张，城市人口在总人口中的比重出现了飞跃的增长。到 20 世纪初，西方资本主义国家相继完成了工业革命，形成了许多举世瞩目的特大城市。与此同时，欠发达地区也出现了一批繁华的港口城市，尽管这些城市中的多数带有殖民主义色彩。

图 6-14 是古巴 1985 年发行的世界文化遗产 · 哈瓦那古建筑邮票，图案分别为 16 世纪老广场、1558 年皇家军队城堡、1748 年哈瓦那大教堂、1776 年军人宫、1827 年神庙。

图 6-15 是智利 1991 年发行的圣地亚哥建城 450 周年邮票，图案分别为卡

图 6–14

图 6–15

萨·科洛拉达、圣地亚哥风光。

1920～1950 年，工业革命使世界的经济结构发生了变化，经济活动的重心转向城市。城市物质条件和生活方式对农村人口产生了强大的吸引力。在人们的精神世界中，城市被罩上了绚丽的光环。世界开始进入城市主导人类生活的时代。这些变化，引起了人们观察城市，研究城市的兴趣。

图 6–16 是奥地利 1964 年发行的从维也纳最高建筑向周围眺望邮票，图案分别为西北方向的还愿教堂和苏格兰教堂、东方的圣·彼得教堂和斯特凡大教堂、南方的霍夫堡·米歇尔教堂、西南方向的环行路博物馆群。

新加坡首都新加坡市南距赤道 136.8 千米，地势和缓，最高点海拔 166 米，椰雨蕉风，景色宜人。市区港口为世界驰名的天然良港，也是名列世界第四的国际金融中心。新加坡，马来语意为“狮子之城”。13 世纪即为东南亚国际贸易港。20 世纪 60 年代起，进行市区重建，林荫道路宽阔，高层建筑鳞次栉比，草坪、花坛、小型公园间杂其间，市容整洁。新加坡市拥有 2000 多种高等植物和

155 种羊齿植物，植物种属丰富，被誉为“花园城市”和东南亚的“卫生模范”。市内有天福宫、星和园、裕华园、苏丹伊斯兰教堂、双林寺、龙山寺等名胜，并有植物园、国家博物馆、水族馆等。

图 6–16

图 6–17 是新加坡 2008 年发行的城市建筑邮票，图案分别为城市轻轨交通、古迹建筑、现代建筑、钟楼与摩天大楼。

图 6–17

2. 市政厅、政务类建筑

从 12 世纪开始，西欧许多城市获得了市民自治权，于是市政厅开始在许多城市出现。有些城市的市政厅功能比较单一，而在经济比较发达的城市，市政厅往往成为具有综合行政、商业会所、教堂以及公众集会等多种功能的综合性建筑。市政厅或市政府大楼，在一个城市里是一个具有特殊地位的建筑。这不仅因为一般情况下，它在一个城市里只有一栋，而且它具有繁忙的实用意义和重要的象征意义。

市政厅建筑在西方国家城市中，几乎无一例外地和它前面的市政厅广场组合在一起。自中世纪以来，市长发布命令、举行仪典或处决犯人等都需要有一

图 6-18

个能聚集市民群众的场地，它和教堂的广场一样成为城市公众生活最重要的场所。许多中世纪形成的市政广场，在市府建筑已另迁新址后，仍然习惯地成为市民聚会活动和休闲娱乐的场所，这已成为一种传统。

图 6-18 是民主德国 1968 年发行的马格德堡区韦龙格罗德市政厅、格赖夫斯瓦尔德市政厅邮票。

图 6-19 是民主德国 1983 年发行的古老市政厅建筑邮票，图案分别为施托尔贝格市政厅·1482 年、格拉市政厅·1573 ～ 1576 年、波伊森耐克市政厅·1478 ～ 1486 年。

一些城市的市政厅最重要的特征是从规划和城市设计的角度来突出市政厅的重要性，城市的主要道路汇聚于市政厅前面的广场，广场周围的其他建筑物都以市政厅为尺度受到不同程度的规划。这种对城市外部空间进行控制的做法，对现代的城市设计以及城市景观设计手法有深刻的影响。时至今日，许多古老的市政厅还在发挥着重要的作用。例如，有的作为办理结婚登记、举办婚礼的特殊场所，有的成为重要的历史博物馆供游人参观，以其古老而精美的魅力吸引着世人的目光。

图 6-19

图 6-20 是民主德国 1984 年发行的莱比锡老市政厅邮票。

图 6-21 是蒙古 1974 年发行的万国邮联 100 周年斯德哥尔摩国际邮展小型张，边纸图案包括瑞典斯德哥尔摩市政厅。

许多国家市政厅的设计建造受到欧洲建筑艺术的时代风格影响，有的源自文艺复兴的程式建造，并且进行了一些消化和改造。有的则是哥特风格建筑程式，例如，由塔形成的竖向构图、尖券拱廊和镂空窗。有的市政厅建筑所使用

图 6–20

图 6–21

的哥特建筑元素中，建筑的立面还采用了如文艺复兴时期的建筑装饰元素，显示出折中主义建筑的倾向。

比利时布鲁塞尔市政厅建造于 1402 ～ 1455 年，是一座具有综合行政、商业会所、教堂以及公众集会等多种功能的综合性建筑，建筑前面是市中心广场。市政厅建筑立面 50 米，进深方向 15 米，钟塔高达 96 米，显示出明显的哥特式建筑风格。

图 6–22 分别是比利时 1965 年发行的布鲁塞尔市政厅钟塔邮票，联邦德国 1964 年发行的米切尔市议会、杜德尔市议会邮票。

市政厅建筑在形象上具有突出于一般城市建筑的需要。从中世纪起，欧洲市政厅往往建成包含有哥特式高塔的大厦，这在以后数百年中成为一个传统。在文艺复兴及以后时代，建筑风格虽然有所改变，但一些城市的市政厅往往仍然沿用哥特式的大厦和尖塔，或把原来仅见于哥特建筑的高塔，也表现在古典主义的建筑上。这样，一处较城市街道为开阔的广场和一座较一般建筑

图 6–22

图 6–23

为高耸的大厦组合在一起，就形成城市中最引人注目的市政府的标志。这种组合在欧洲数以百计，其中许多是著名的建筑杰作。

图 6–23 分别是南斯拉夫 1967 年发行的马里博尔市巴洛克风格的市政厅邮票，克罗地亚 1992 年发行的芬克维奇的市政大楼邮票，波兰 1974 年发行的 1743 年的市政厅邮票。

在以后长期的建筑实践中，逐渐形成了一套适合于市政厅建筑的组合模式。在欧洲、美洲许多国家的市长、市议员和建筑师们深知市政厅建筑所具有的精神功能。要做到使市民热爱自己的城市，拥护市政府的各项规定和举措并以自己作为该城市的市民而自豪，增强市政府的威望和对市民的凝聚力，这方面建筑艺术完全可以起到其他因素所不能取代的作用。因此便对建筑提出了宏伟壮观和民主近人的两个要求。设计成功的市政厅，往往是在这些方面达到很好的表现和统一。

伯利兹位于中美洲北部，东临加勒比海，原为印第安玛雅人居住地。16 世纪沦为西班牙殖民地，1862 年沦为英国殖民地，改名为英属洪都拉斯。1973 年改名伯利兹，1981 年 9 月 21 日独立。

图 6–24 是伯利兹 1982 年 9 月 20 日发行的独立 1 周年邮票，图案为殖民统治时期的宫邸建筑。

图 6–24

图 6–25 分别是新西兰 1990 年发行的惠灵顿的市政厅建筑邮票，南非 1982 年发行的立法院旧址邮票。

政务类建筑主要有国会（议会）大厦、总统府等国家最高权力机关的办公楼、会议大厦建筑，其中有的建筑是延用历史上的古老建筑。另一类政务建筑是各种专业机构、国际组织的总部机关建筑，这些建筑往往成为某一专业或国际组织的象征。

图 6–25

图 6–26 分别是西班牙 1976 年发行的马德里议会大厦邮票；意大利 1984 年发行的施特拉斯堡议会大厦邮票。

图 6–27 是民主德国 1986 年发行的部长会议办公大楼小型张，1984 年发行的柏林共和国宫小型张。

图 6–28 分别是罗马尼亚 1961 年发行的共和国宫塔楼、布加勒斯特大会堂邮票；苏联 1954 年发行的乌克兰最高苏维埃和苏联部长会议大厦邮票。

图 6–29 是俄罗斯 1991 年发行的俄罗斯议会大厦小型张。

图 6–26

人民大会堂在北京天安门广场西侧，建于 1959 年。中国全国人民代表大会常务委员会在此办公，也是国家和群众的政治活动场所。建筑面积达 17.18 万平方米。黄绿相间的琉璃屋桅，高大的廊柱，40 多米高的巨大

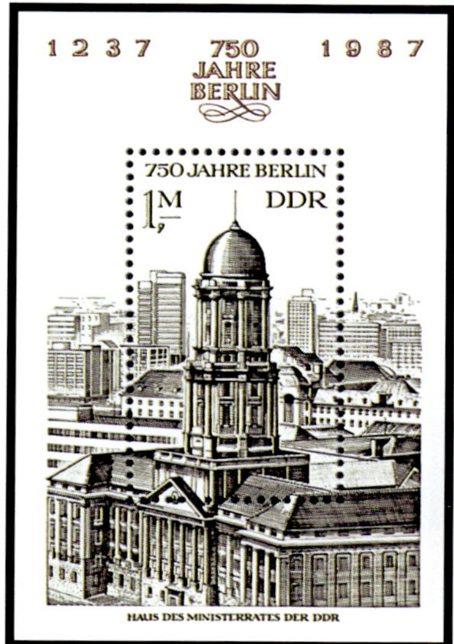

图 6–27

图 6-28

图 6-29

屋体，构成一座庄严绚丽的宏伟建筑。正门面对天安门广场，迎面有 12 根 25 米高的浅灰色大理石门柱。进门是中央大厅，厅后是宽 76 米，深 60 米的万人大会场。北翼是可容 5000 人的大型宴会厅。南翼是人大常委会办公楼。大会堂内还有富于地方特色的，用全国各省（市区）名称命名的厅室。

图 6-30 是中国 1960 年发行的人民大会堂邮票，图案分别为大会堂前景、大礼堂；1983 年发行的人民大会堂正门邮票。

图 6-31 是越南 2008 年发行的东盟 10 周年邮票小全张，图案分别为东盟 10 个成员国越南、老挝、缅甸、泰国、新加坡、马来西亚、印尼、菲律宾、柬埔寨、文莱的总统府、国会大厦。

图 6-30

TEM PHÁT HÀNH CHUNG ASEAN
ASEAN JOINT STAMP ISSUE
Việt Nam
800đ
BƯU CHÍNH

图 6-31

图 6-32

图 6-32 是巴西 1955 年发行的政府大厦、巴西利亚总统府邮票。

图 6-33 是阿根廷 1963 年发行的中央政府大楼、国家邮政储蓄银行大楼邮票。

图 6-34 分别是加拿大 1948 年发行的渥太华议会大厦邮票，秘鲁 1979 年发行的利马教育部大楼邮票。

图 6-35 是埃及 1947 年发行的开罗国会大厦邮票，1995 年发行的国家印制总局大楼邮票。

图 6-36 分别是埃及 1959 年发行、摩洛哥 1960 年发行的阿拉伯联盟总部邮票。

图 6-33

图 6-34

图 6-35

图 6-36

联合国1945年成立于美国旧金山，应美国国会邀请，决定将总部设在美国。联合国总部大厦是著名的现代建筑。1946年选址时，美国J.小洛克菲勒出资购买纽约曼哈顿岛东河岸边大片街区相赠，经联合国大会决议接受，遂定址纽约。1947年成立由国际知名建筑师（包括中国梁思成教授）组成的设计委员会，设计总负责人为美国建筑师W.K.哈里森。

大厦1947年动工，1953年建成。大厦占地7.2公顷。居中为大会堂，供联合国大会使用。设计时，会员国不多，按远期会员国80个和每会员国代表5人、顾问5人考虑，并加设特别观察员席和贵宾席300个，记者席320个，听众席1000个。大厅内墙为曲面，屋顶为悬索结构，上覆穹顶。南面为39层的联合国秘书处大楼，是早期板式高层建筑，也是最早采用玻璃幕墙的建筑。前后立面都采用铝合金框格的暗绿色吸热玻璃幕墙，钢框架挑出90厘米；两端山墙用白大理石贴面。大楼体形简洁，色彩明快，质感对比强烈。东河沿岸为一组五层会议楼建筑，分设各理事会大厅。这里一洗曼哈顿商业区繁华嘈杂的闹市气氛，环境宁静。它是一块不属于任何国家的“国际领土”。

图6-37分别是美国1956年发行的联合国总部大厦邮票，蒙古1981年发行的蒙古加入联合国20周年小型张，边纸图案为联合国总部大厦。

图6-38是中国1999年发行的万国邮政联盟大会邮票，图案分别为第一届万国邮政联盟大

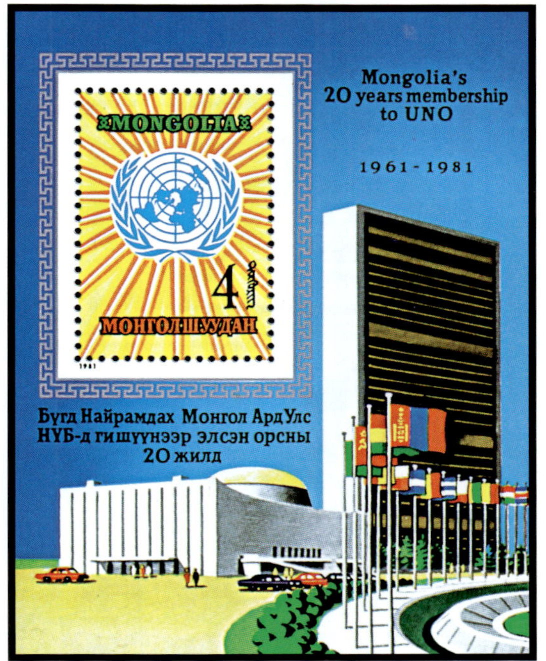

图6-37

会会址、第二十二届万国邮政联盟大会会址，2008年发行的海南博鳌亚洲论坛会址邮票。

图 6–38

3. 饭店、城市交通建筑

对城市而言，为旅行、待客、聚会的人提供住宿的地方必不可小，从古至今，营业性的车马店、驿站、旅馆、饭店应运而生，延续不断。饭店亦称酒店，一般指规模较大、设备较好的旅馆。

图 6–39 是比利时 1970 年发行的波克里克的农舍与风车、库尔塞勒 17 世纪邮政马车驿站邮票。

图 6–39

国际间对酒店（饭店）硬件、软件条件常用的星级评等为五星等级，最低为一星级，最高为五星级。星级越高通常代表着旅馆规模越大、设备越奢华、服务越优良，随之而来的便是价格越昂贵。星级的评等标准目前仍是依各国情况而有所不同，由各国自行订立标准，有些国家甚至没有公认而一致的标准，这也造成国际间同一星级的旅馆却在品质上有明显差异的现象。

以法国为例，法国酒店一星级的标准为：至少 7 间客房，单人房至少要有 8 平方米，双人房至少要有 9 平方米，至少有 25% 的客房配备小的私人浴室和卫生间，至少在 20% 的客房中配备标准私人浴室和卫生间，供应早餐，房间内配备电话或呼叫系统。五星级酒店的标准为：至少 10 个房间，单人房间至少 10 平方米，双人房至少 14 平方米，二层以上要配备电梯，电话在客房，所有房间要有私人浴室、卫生间，会两门外语的工作人员，提供早饭上门服务，提供餐饮服务。

图 6-40

图 6-40 是匈牙利 1984 年发行的布达佩斯多瑙河沿岸饭店邮票，图案分别为阿特利姆 · 赫雅塔饭店（1ft）、多瑙河洲际饭店（2ft）、福罗姆饭店（4ft）、玛尔格特岛瑟马尔饭店（4ft）、希尔顿饭店（5ft）、吉利特饭店（8ft），小型张图案为希尔顿饭店（20ft）。

图 6-41 是保加利亚 1988 年发行的冬季饭店邮票，图案分别为波罗维茨的里拉饭店（5s）、班斯卡的皮林饭店（8s）、索非亚的萨斯特基维查饭店（13s）、巴姆戈拉夫的别列伊克饭店（30s）。

图 6-41

图 6–42

在众多的饭店、酒店中，还有一类以自助方式为特色的青年旅馆。青年旅馆以“安全、经济、卫生”为特点，旅馆以床位论价，一般一个床位收费、价格为三星级酒店房价的 1/10 左右。室内设备简单，使用集体浴室、洗手间。硬件要求结实、美观、实用、方便、洁净，以自助为主。1912 年，世界上第一个青年旅馆在德国的一个废弃古堡中诞生。到 1997 年，国际青年旅馆联盟在全球有 65 个成员国，共有青年旅馆 4500 家。

图 6–42 是保加利亚 1980 年发行的旅游饭店邮票，图案分别为布尔加斯的保加利亚饭店、索非亚的欧洲饭店、鲁塞的里加饭店、普罗夫迪夫饭店、瓦尔纳的友谊饭店。

对于兴建于江河之畔的城市而言，各种造型优美的桥梁不仅方便通行，而且成为城市建筑格局中重要的内容。许多著名的古桥为城市道路建筑发挥着举足轻重的作用，甚至成为城市的标志性景观之一。

图 6–43 是法国 1955 年发行的卡奥尔瓦朗泰大桥邮票，1957 年发行的勒凯努瓦市城楼和沃邦湖桥邮票、1960 年发行的肖蒙高架桥邮票，1978 年发行的巴黎诺伊弗桥邮票。

图 6–44 是捷克斯洛伐克 1978 年发行的布拉格桥邮票，图案分别为铁路桥、“五一”桥。

图 6–45 是民主德国 1976 年发行的桥梁邮票，图案分别为腾布林湖上的桥（10pf）、柏林阿德勒格施特尔铁路桥（15pf）、罗斯劳易北河大桥（20pf）、格尔茨什塔尔旱桥（25pf）、马格德堡易北河大桥（35pf）、施文宁林的格罗斯德瑞施立交桥（50pf）。

图 6-43

图 6-44

图 6-45

图 6-46 是匈牙利 1985 年发行的多瑙河上的桥邮票，图案分别为南斯拉夫的诺维萨得市斜拉桥（1ft）、匈牙利的包姚市铁路桥（1ft）、布达佩斯阿尔巴

图 6-46

特桥（2ft）、捷克斯洛伐克布拉迪斯拉发的悬索桥（2ft）、维也纳桥（4ft）、奥地利林兹斜拉桥（6ft）、德国雷根堡施泰纳恩石桥·12世纪（8ft），小型张图案为布达佩斯伊丽莎白桥（20ft）。

悉尼海港大桥是南半球最大的拱桥，横跨澳大利亚杰克逊港湾，连接悉尼市南北。1923年动工，1932年通车。是一座单孔双铰链钢梁拱桥，桥拱由两组弧形钢梁桁架和许多根钢铁吊索组成。桥身长1149米，桥面高出海平面59米，单拱跨度503米，拱架顶端最高处距水面134米，桥面宽49米，中间为双轨铁路、8条汽车道和自行车道，两侧为3米宽人行道，万吨巨轮可从桥下通过，南北桥畔各有两座高出水面89米的桥头堡衬托。

图 6–47 是澳大利亚 2000 年发行的悉尼大桥邮票。

图 6–47

图 6–48 分别是美国 1964 年发行的维拉扎诺海峡悬索桥邮票，匈牙利 1941 年发行的布达佩斯塞切尼悬索桥邮票，民主德国 1985 年发行的柏林魏登达默桥邮票。

图 6–48

长江是中国的第一大江。座落在长江边的武汉、南京等大城市，过去只能靠轮渡解决过江交通。兴建了铁路公路两用的长江大桥之后，天堑变通途，城市的交通面貌为之改观。

武汉长江大桥横跨于武昌蛇山与汉阳龟山之间，1957 年 10 月 15 日建成通车。全桥连同两端公路引桥总长 1670.4 米，下层为铁路桥，上层为公路桥，这是中国建设的第一座长江铁路、公路两用双层大桥。南京长江大桥位于南京市下关和浦口之间，也是一座铁路、公路两用双层桥梁。江面正桥长 1577 米，连同两岸引桥全长 6772 米，1968 年 12 月 29 日建成通车。桥头建筑由设在两岸的两组大、小桥头堡组成，每座大桥头堡包括两个高达 70 米的 11 层塔楼，楼顶上是三面高 5 米、长 8 米的红旗，4 个小堡顶部各置一组群像雕塑。

图 6–49

图 6–49 是中国 1957 年发行的武汉长江大桥邮票。

图 6–50 是中国 1969 年发行的南京长江大桥邮票。

杭州湾跨海大桥起于浙江省嘉兴市海盐郑家埭，跨越杭州湾海域，止于宁波市慈溪水路湾，沟通了宁波、上海三角地区。大桥建成前一天的路程，现

图 6-50

在仅用 1 个小时就到了。大桥 2009 年建成通车，全长 36 千米，是目前世界上最长的跨海公路大桥。大桥设计采用西湖苏堤的形态结合吴越文化观念，将整座大桥平面勾勒成“S”形曲线，非常壮观、优美。大桥还具有一些人文气氛的设计，设有观光平台等旅游设施。

图 6-51

图 6-51 是中国 2009 年发行的杭州湾跨海大桥邮票，图案分别为大桥雄姿、海中平台。

图 6-52

图 6-52 是中国 2008 年发行的苏通长江公路大桥邮票。

现代城市的不断拓展，人口、车辆激增，致使城市的道路交通造成严重拥堵，交通事故频发。为了缓解城市道路交通的压力，提高通车效率，保障交通安全，以立体交叉为特征的立交桥大量出现在大中城市的道路路口，成为现代城市交通建筑的新景观。

图 6-53 是比利时 1969 年发行的安特卫普的立交桥和穿过斯海尔德河底的隧道、隆桑高速公路三层立交桥邮票。

图 6-54 是中国 1995 年发行的北京立交桥邮票，图案分别为四元桥、天宁寺

图 6-53

桥、玉蜓桥、安慧桥。

图 6–55 是中国 1996 年发行的上海埔东的通信与交通、外高桥保税区邮票。

铁路对国家经济建设及城市发展而言，尤如带动人流、物流畅通的大动脉，至关重要。火车站建筑在一座城市里，占有举足轻重的地位。随着城市人口的不断增长，火车站也在不断改建、扩建、新建，从中反映着社会和经济发展的时代步伐。

图 6–56 是苏联 1947 年发行的莫斯科喀山

图 6-54

图 6-55

图 6-56

车站、基辅车站邮票。

图 6–57 分别是新西兰 1982 年发行的 1904 年建的丹尼丁火车站邮票，罗马尼亚 1961 年发行的康斯坦察火车站邮票。

图 6–57

北京站于 1959 年建成。火车站大楼建筑面积 4.6 万平方米，连同地道、站台等建筑面积达 8.7 万平方米。站前广场 4 公顷。大楼东西长 218 米，南北最大进深 88 米。屋顶为双曲薄壳结构，两旁对称地矗立着高 43.4 米的钟楼，钟楼四面都装有一个直径 4 米的大钟。大楼分 3 层，底层中央大厅相当于一般 10 层楼高，开阔壮观。全车站有 18 个大小不同的候车厅室，是全国最大的铁路客运车站，每天能接送 20 万名旅客。

北京西站是一座现代化客运站，1996 年建成。占地 51 万平方米，建筑面积 17 万平方米，候车摩天楼高 90 米，呈“品”字形，整个车站内设 9 个站台，最高客运能力可达每日 90 对列车 60 万人次，被誉为“亚洲第一大站”。

图 6–58 是中国 1960 年发行的北京站邮票，图案分别为火车站正面全景、站台，1996 年发行的北京西站邮票，1976 年发行的韶山火车站邮票。

图 6–58

世界上对于地铁设有一个统一的正式定义。相对于其他公共交通工具，地铁有几个显著特点：地铁作为市内交通工具，运输能力更强、速度更快，且运行有规律；它的路线不会和公共汽车、电车或火车路线有交叉。在地下运行只是部分地铁的主要特征，因为有些地铁是在地面甚至高架桥上运行的。

莫斯科地铁全长292.2千米，有12条线路，176个站点。莫斯科地铁的第一条线路——索科利尼线开通于1935年，最新的昆采夫站于2008年1月正式运营。卫国战争期间，莫斯科地铁曾被当做防空洞使用。

图 6-59

莫斯科地铁从一开始就是作为地下宫殿来修建的，因此它被认为是世界上最美的地铁之一。每个车站有其独特风貌，建筑格局互不相同。用五颜六色的大理石、花岗石、陶瓷和五彩玻璃镶嵌出各种浮雕、雕刻和壁画装饰，照明灯具也各显别致，象富丽堂皇的宫殿，故有“地下宫殿”之称。车站除根据原各个加盟共和国民族特点建造外，还以名人、历史事迹、政治事件为主题而建造。

图6-59是苏联1965年发行的地下铁路邮票，图案分别为莫斯科“十月革命”站、莫斯科列宁大街站、列宁格勒“莫斯科之门”站、基辅布尔什维克工厂站。

图6-60分别是中国香港1979年发行的地下铁路车站横剖示意图邮票，新加坡2008年发行的地铁车站邮票。

图 6-60

飞机场、港口建筑物有着独特的风格，它们对城市交通发展具有举足轻重的意义。在当代社会进入全球经济一体化的时期，机场、港口的建设正迎来日新月异的飞速发展。

图6-61是中国1980年发行的首都国际机场大楼邮票，2008年发行的机场建设邮票，图案分别为北京首都国际机场、上海浦东国际机场、广州白云

国际机场邮票。

图 6-62 是比利时 1968 年发行的赞德布利特船闸、龙基耶尔闸门吊船装置邮票。

图 6-61

图 6-62

4. 邮局、灯塔建筑

中国古代的邮驿有 3000 多年的历史。自秦代建立了全国的邮驿网络，颁布了邮驿律令，为中国的邮驿制度开创了先河。汉代的邮驿制度进一步完善，五里设“邮”，十里设“亭”，二十里设“驿”。唐代邮驿得到空前发展，宋代开始急递铺盛行。这种官办官用的邮驿制度举世无双，遗存至今的古驿建筑弥足珍贵。

图 6-63 是中国 1990 年发行的姑苏驿小型张。

图 6-64 是中国 1995 年发行的古代驿站邮票，图案分别为盂城驿、鸡鸣山驿。

邮局作为专门经营寄递信件和包裹、办理汇兑、发行报刊及邮政银行等业务的机构，是近代邮政发展的产物。在有的国家曾经出现过邮电局机构名称，专门办理邮政和电信业务。邮局作为一个抽象名词自 17 世纪中期以来就在英国许多城市与乡镇广为流传。英国最古老的邮局是位于邓弗里斯—盖络韦区的圣克尔邮局，从 1763 年开始直到现在这所邮局依然使用原来的建筑物。

邮局建筑在许多国家形成自己的特色。古老的邮局建筑仿佛向人们诉说

图 6-63

图 6-64

着岁月沧桑，现代化的邮局建筑则向人们展现社会发展。

图 6-65 分别是民主德国 1975 年发行的 1734 年的埃尔瑙伊特斯邮局（10+5pf）、鲍瑞费尔兹的邮局（20pf）邮票。

图 6-66 是捷克斯洛伐克 1988 年发行的邮政博物馆 70 周年邮票，图案分别为 1742 ～ 1792 年间的布拉格邮局和雅沃里纳电视塔（50h）、电信中心波利斯拉夫像和 1792 ～ 1849 年间的布拉格邮局（1k）、1873 年的布拉格一支邮局和 1984 年的布拉迪斯拉发 56 支邮局（2k）、1982 年的曾拉哈季采通信中心和 1622 ～ 1722 年间的布拉格邮局（4k）。

图 6-65

图 6-66

图 6–67

图 6–67 是新西兰 1982 年发行的 1886 年的奥普阿邮局邮票。

万国邮政联盟在伯尔尼的机构出版的《世界邮局名录》，其中收录了世界上所有的邮局。1968 年世界上邮局总数达到最高峰，为 437168 个。从此以后邮局数量大幅度减少。美国削减得最多，1900 年美国有 76688 个邮局（那时人口有 7600 万），1967 年减少到 32626 个（当时人口上升到 2 亿），此后邮局数量逐渐回升，1979 年达到 39486 个。

图 6–68

图 6–68 是罗马尼亚 1964 年发行的现代邮局，附票为 19 世纪的邮局。

图 6–69 是巴西 1993 年发行的巴西邮政 330 周年邮票，图案分别为里约热内卢皇宫、彼德罗波利斯邮局、里约热内卢邮政总局、尼泰罗伊邮局。

图 6–69

图 6–70 是加拿大 1987 年发行的国际邮展小全张，图案分别为纳尔逊邮局（36c）、米拉米奇邮局（36c）、圣奥尔斯邮局（42c）、巴特尔弗邮局（72c）。

图 6–71 是民主德国 1982 年发行的邮政建筑邮票，图案分别为列本斯坦因的邮局（20pf）、柏林长话大楼（25pf）、爱尔福特中心邮局（35pf）、德累斯顿第六邮局（50pf）。

1896 年 3 月 20 日，光绪皇帝批准开办大清邮政官局。天津是中国邮政的发源地，是邮政创办初期的业务领导和邮运组织中心。天津邮政津局旧址位于

图 6-70

图 6-71

原紫竹林英租界内的天津海关附近。北京邮务管理局旧址位于北京户部街（后改称公安街），其位置在今天安门广场东南角。1919 年，该大楼开始兴建，1922 年启用，20 世纪 70 年代因天安门广场拓展而被拆除。

中华苏维埃共和国邮政总局旧址位于江西省瑞金县叶坪中石村。1932 年 5 月 1 日，中华苏维埃共和国邮政总局在这里成立，它的创建揭开了人民邮电历史的新篇章。北京邮政枢纽位于北京建国门内大街、北京站口西侧。该枢纽

图 6–72

是中国目前最大的邮件集散和处理中心，由中楼、西楼、南楼和北楼组成。1993 年建成的北楼建筑面积 3.55 万平方米。

图 6–72 是中国 1996 年发行的中国邮政开办 100 周年邮票，图案分别为清 · 天津邮政津局旧址、北京邮务管理局旧址、中华苏维埃共和国邮政总局旧址、北京邮政枢纽。

图 6–73

图 6–73 是中国 1958 年发行的北京电报大楼邮票，1981 年发行的北京长话大楼邮票，1989 年发行的北京国际电信局邮票。

自古以来，为了保证船舶在海洋、江河航行及进出港口、码头的安全，由各国港务、海关等部门主管沿海和江河的灯塔。20 世纪以来，通过引进世界航标设备技术、管理方法，大规模建设起近代灯塔，为船舶指航。各国灯塔开始有人驻守。

图 6–74 是苏联 1983 年发行的波罗的海灯塔邮票，图案分别为芬兰湾克里灯塔（5k）、芬兰湾斯季尔苏德金灯塔（10k）、塔赫库纳灯塔（12k）、塔林湾灯塔（20k）。

中国的灯塔历史源远流长，早在 4000 年前，夏王朝时期就利用“碣石”指引船航路。“碣石”就是中国远古时的自然灯塔。之后，从天竺引进了佛教，大兴土木，造庙建塔。宝塔与灯塔紧密相连。自古以来，建在沿海的宝塔、望

图 6-74

楼被航海者视为出入海口的人工灯塔，有些宝塔在夜间悬挂灯指引航向。鸦片战争后，先在长江口建造灯塔，接着在舟山群岛、台湾海峡、黄海、渤海建造灯塔，这一时期的灯塔总数大约80座。20世纪80年代，中国沿海新建、重建或改造了一批灯塔，引进了具有世界先进水平的灯器，中国沿海形成了现代化的灯塔链。

图 6-75

图 6-75 是中国 2002 年发行的历史文物灯塔邮票，图案分别为泖塔、江心屿双塔、花鸟山灯塔、老铁山灯塔、临高灯塔。

图 6-76 是中国 1997 年发行的澳门松山灯塔邮票。

图 6-76

图 6–77

图 6–78

图 6–77 是中国 2006 年发行的现代灯塔邮票，图案分别为在大沽灯塔、桂山岛灯塔、吴淞口灯塔、木栏头灯塔。

图 6–78 是美国 1970 年发行的艾德华 · 霍珀绘《灯塔》邮票。

七

文化的标志　精神的象征

一个国家、一个民族最宝贵的资源是文化。建筑文化体现着人类的思维方式和行为特征，直接关系人的精神支柱和内在自尊，关系一个民族的自我认同和社会归属感，关系人的心理坚韧度、稳定性和安全感。

1．纪念性建筑

世界各国的纪念性建筑主要包括几方面的内容：著名战争胜利纪念、著名英烈纪念、著名历史事件纪念、著名领袖纪念等。

法兰西共和国位于欧洲西部，首都巴黎的历史可以追溯至2000多年前。巴黎拥有许多世界闻名的历史名胜古迹与艺术建筑，这里几乎容纳了自古希腊以来各种风格的建筑作品。有人曾这样评价巴黎：“鲜活的建筑史教科书，生动的法国编年史”。巴黎是法国近代文化的摇篮，在这里浪漫古典与现代时尚完美的融为一体。

巴黎凯旋门坐落在巴黎市中心戴高乐将军广场。为纪念拿破仑1806年2月在奥斯特尔里茨战役中打败俄、奥联军而建，1836年7月落成。凯旋门高49.54米，宽44.82米，厚22.21米。它四面有门，中心拱门宽14.6米。凯旋门的内墙刻有拿破仑用以宣扬其战功的96个胜利战役的浮雕，外墙上有巨型雕像，都取材于1792～1815年的法国战史。门内侧刻有曾经跟随拿破仑远征的386名将军的名字。1920年11月在门下建的无名烈士墓，里面埋葬的是在第一次世界大战中牺牲的无名战士。凯旋门顶部是一个博物馆，馆内陈

图 7-1

列着有关凯旋门的历史文件和拿破仑生平事迹的图片。

图 7-1 是法国 1959 年发行，匈牙利 1966 年发行的巴黎凯旋门邮票。

朝鲜平壤也建有一座与巴黎相类似的凯旋门。平壤凯旋门位于平壤的凯旋广场。1982 年建立，门高 60 米，宽 52.5 米，全部用白花岗石砌成。有 3 层歇山式的屋顶，体现了朝鲜传统建筑特点。拱形门洞高 27 米，宽 18 米，南北两侧壁面上有浮雕群像。门上端雕刻着白头山、《金日成将军之歌》和金日成投身革命到凯旋回国的年代 1925 年、1945 年字样。

图 7-2

图 7-2 是朝鲜 1985 年发行的平壤凯旋门邮票。

埃菲尔铁塔是世界驰名的钢铁建筑，矗立在巴黎市中心塞纳河右岸的战神广场上。为 1889 年庆祝法国大革命 100 周年在巴黎举行国际博览会而建。1887 年动工，1889 年竣工。以设计者著名法国建筑师居斯塔夫·埃菲尔的名字命名。塔基占地面积约 1 万平方米。4 座塔墩为水泥浇灌，塔身全是钢架镂空结构，重达 9000 吨。其组成部件共 1.8 万余个，全靠 100 余万个铆钉铆成一体。塔高 320.7 米。全塔共分 3 层，每层有平台高栏。从地面到塔顶装有电梯和 1710 级阶梯。第一层高 57 米，下面为东西南北 4 座大拱门。第二层离地面 115 米，第三层离地面 276 米，建筑结构猛然收缩，直指苍穹。从一侧望去，像倒写的字母“V”。1980 年底开始进行问世以来最大的改建工程。将第二层上的豪华饭店迁至第三层，原地开设一个大众啤酒馆；建设一接待厅，供组织学术会议和招待会之用；建设一视听博物馆，游客可看到介绍铁塔历史和建筑特色的影视节目。铁塔还成了法国广播电视的中心，是目前世界上最高的天线塔之一。

图 7-3 是法国 1939 年发行的埃菲尔铁塔 50 周年邮票，1975 年发行的战后扫除地雷纪念碑邮票。

两次世界大战给全世界人民带来的巨大灾难和心灵创伤，是永远值得各国人民纪念和反思的重大历史事件。围绕这一战争主题，世界各地建立了许多纪念性建筑，成为一座座树立在人民心中的历史性建筑，成为世界人民热爱和平，反对战争，顽强不屈精神的象征。

图 7–3

图 7–4 分别是法国 1978 年发行的朗斯市科林圣母院的第一次世界大战洛莱特纪念塔邮票，比利时 1968 年发行的第一次世界大战停战 50 周年邮票，图案为布鲁塞尔大会堂前无名战士荣誉纪念碑。

图 7–4

图 7–5 是民主德国 1977 年发行的柏林松霍尔茨苏军烈士纪念碑邮票，1981 年发行的萨斯尼茨反法西斯抵抗战士纪念碑邮票。

图 7–6 分别是法国 1969 年发行的穆切山上的抵抗运动战士纪念碑邮票，波兰 1972 年发行的柏林“波兰反法西斯战士”纪念碑邮票。

图 7–5

图 7–6

图 7–7

图 7–7 是民主德国 1960 年发行的萨克豪森集中营受难者国家纪念碑邮票，1966 年发行的法国奥拉杜尔·格兰受难者纪念碑邮票。1944 年 6 月 4 日，德军将法国奥拉杜尔全村 642 名村民集体杀害。

朝中友谊塔是朝中友谊的纪念性建筑。建于 1959 年 10 月。在朝鲜首都平壤市牡丹峰西麓毛泽东大街旁的山岗上，是一座朝鲜古典形式的 3 层石塔。塔高 20 米，全部用白花岗石筑成，正面镶嵌有“友谊塔”三个镏金大字。塔顶上有一颗以月桂枝环绕，象征胜利和光荣的大金星。塔的底层是一个巨大的方形塔座。塔内是用大理石砌成的圆厅——壁画厅，厅周围环以走廊，中国人民志愿军烈士名单存放在厅中央的石函中，墙上有 3 幅壁画，入朝作战图、胜利图和建设图，描绘了中国人民志愿军参战、与朝鲜人民军并肩战斗和帮助朝鲜人民恢复建设的场面。塔座外面的左右两侧有长 5.6 米、高 1.85 米的两幅浮雕。塔座背面横嵌一块大石碑，上面镌刻着朝中革命友谊的碑文。

图 7–8

图 7–8 是朝鲜 1990 年 10 月发行的中国人民志愿军赴朝参战 40 周年小型张，图案为平壤朝中友谊塔和朝中两国国旗。

1911 年 4 月 27 日，孙中山领导的同盟会在广州发动推翻清政府的武装起义。起义者进攻两广总督署等军政机关，血战一昼夜，起义失败。喻培伦等 100 余人英勇牺牲。后经同盟会会员潘达微冒险奔走收殓，从葬于黄花岗者 72 人。1918 年建立墓园，布局庄严雄伟。墓门是一座横排三个拱门的高大牌坊，岗顶为陵墓，以麻石砌成方形墓基，并绕以铁链栏杆，上接四柱的形钟顶碑亭。后面是一座用麻石建的“纪功坊”，上半部以 72 块石砌迭成金字塔形坊顶，顶上矗立一高举火炬的自由神像。

图 7–9 是中国 1981 发行的黄花岗七十二烈士墓邮票，1983 年发行的京汉铁路工人“二七”大罢工江岸“二七”纪念碑邮票。

图 7–9

列宁陵墓坐落在苏联首都莫斯科红场上。1924 年 1 月 27 日安息列宁遗体的水晶棺安放在这里，其时陵墓为木结构。1930 年改用花岗石和大理石建造。卫国战争后，更新了水晶棺，陵墓内部重加修葺。陵墓结构与色调肃穆、凝重，外面镶嵌贵重大理石、黑色和灰色的拉长石、深红色的花岗石和云斑石。陵墓体积为 5800 立方米，内部容积为 2400 立方米。外表是阶梯状的 3 个立方体。陵墓一半在地下，一半露出地面。墓顶是平台，在全民节日里，在此检阅游行队伍和武装部队。沿黑色大理石台阶而下，转弯进入陵墓中心——悼念大厅，列宁安详地躺在铺有红色党旗和国旗的水晶棺里，四季常青的枞树环绕陵墓四周，川流不息的人群肃穆地穿过红场来瞻仰列宁的遗容。距列宁陵墓不远，有列宁博物馆，馆内珍藏有列宁的手稿、书籍、文件、书信和照片。

图 7–10 是苏联 1962 年发行的列宁墓邮票。

图 7–10

毛泽东主席纪念堂在北京天安门广场南端。1977 年 9 月建成。纪念堂呈正方形，长、宽各 105.5 米，坐南朝北，建筑面积 2 万多平方米，高 33.6 米。座基为枣红色花岗石砌成，四周环以 44 根高大的花岗石廊柱，屋顶为黄

图 7-11

色琉璃瓦重檐平顶。主要由北大厅、瞻仰厅、南大厅组成。北大厅中有 3 米多高汉白玉毛泽东石雕座像。瞻仰厅正中安放着水晶棺，毛泽东的遗体上覆盖着中国共产党党旗。1983 年增设了毛泽东、周恩来、刘少奇、朱德革命业绩纪念室。

图 7-12

图 7-11 是中国 1977 年发行的毛泽东主席纪念堂邮票。

在中国革命长期的英勇奋斗过程中，发生过许多重要的历史事件和历史活动。为了铭记革命历史，缅怀前辈的革命精神，如今已将许多重要的革命旧址建筑加以保护，开辟成纪念馆供游人参观。

图 7-13

图 7-12 是中国 1981 年发行的武昌起义后成立的湖北军政府旧址邮票。

图 7-13 是中国 1971 年发行的广州农民运动讲习所邮票，1960 年发行的遵义会议会址邮票。

2. 名人故居

历史名人是时代和精神的产物，保护并宣扬名人故居，能够体现对人文历史的尊重，具有缅怀先贤、激励后人，并提升当地人文知名度的积极作用。拿破仑一世皇帝是法兰西帝国缔造者，卓越的军事家，被人们称为一代“军事巨人”。拿破仑戎马一生，先后多次打垮了欧洲各个封建君主国组织了“反法同盟”，保卫了由法国资产阶级进行的法国大革命胜利果实，并在欧、非、北美各战场上，进行了对欧洲各封建国家的战争，削弱了欧洲大陆的封建势力。他颁布了《拿破仑法典》，确立了资本主义社会的立法规范，至今还发挥着重要作用。

当一个为历史作过重要贡献的人去了，他的生命气质、他的往事、他独有的个人生活，乃至他的精神，除去留在他做过的事情或相关的文字里，还无声地存在于他的故居中，故居的主角是人。他留在故居的大量的生活细节，有待人们去发现、感知与思考。故居因他的主人而有意义和价值，建筑好坏并不重要。故居的本质不是物质性，而是精神性的。

拿破仑·波拿巴于1769年8月生于科西嘉岛阿耶佐城的一个小贵族家庭里。1785年，他父亲去世后，16岁的拿破仑只得中途停学，入陆军当少尉，开始了军旅生涯。1804年12月，拿破仑成为法兰西第一帝国的皇帝。1812年5月，拿破仑率领50万大军远征封建农奴制的俄国，10月底被迫撤退。1814年3月，反法联军攻入巴黎，拿破仑被流放到地中海上的厄尔巴岛。1815年3月，拿破仑逃生，重登帝位。6月18日，在比利时的滑铁卢，反法联军打败了拿破仑的军队。拿破仑被放逐到南大西洋上的圣赫勒巴岛。6年后，拿破仑于1821年病死。

图 7–14

图7–14是法国1969年发行的拿破仑诞生200周年邮票纪念戳卡，邮票图案为青年时代拿破仑及故居。

图 7–15

图7–15是法国1970年发行的法国国王路易十四（1637～1715）邮票纪念戳卡，邮票背景图案为巴黎卢浮宫。

托马斯·杰斐逊（1743 ～ 1826）是美国第三任总统。1789 年，他担任华盛顿总统内阁的国务卿。1796 年，他作为共和党总统任选人，败在约翰·亚当斯手下，只得就任副总统之职。1800 年，他和艾伦·伯尔在总统大选中获得了相同的选票，经众院投票，杰斐逊以一票的多数当选美国第三任总统。当选后他毅然从法国手中买下路易斯安那州这块土地，从而使当时的美国面积扩大了 1 倍。1804 年 11 月，他再次当选总统。1826 年 7 月 4 日美国独立 50 周年纪念日，他病逝于弗吉尼亚州蒙蒂塞洛山顶上的家中。

杰斐逊纪念馆于 1943 年杰斐逊诞辰 200 周年时落成。建筑师隐约地借用了罗马万神殿的构形，表达杰斐逊倡导的自由、独立和平等的理念。

图 7-16

图 7-17

图 7-16 是美国 1973 年发行的杰斐逊纪念馆邮票，图 7-17 是 1956 年发行的布坎南总统的宾州兰开斯特住宅邮票。

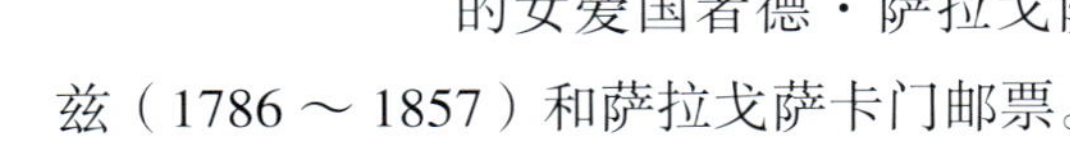

图 7-18 是西班牙 1968 年发行的女爱国者德·萨拉戈萨·多蒙内兹（1786 ～ 1857）和萨拉戈萨卡门邮票。

图 7-18

孙中山（1866 ～ 1925），名文，字德明，号日新，改号逸仙，因曾在日本化名中山樵，后来就以“中山”行于世，广东香山（今中山市）人。孙中山是伟大的民主革命先行者、资产阶级革命家。其故居位于广东省中山市翠亨村，是一幢中西合璧的两层建筑。大门为西式，七个穹形门楼。正中屋顶下有一光环，光环下是一只飞鹰。砖墙涂成赭红色，门楼内以白色、黄色的花瓣纹装饰。内部为中国传统的民间建筑形式。翠亨村人讲究风水，房屋均坐西朝东，唯中山故居与之相反，而且四面都有门通向街外。从这点也可以看出孙中山唯科学态度、反封建迷信的性格。故居是孙中山 1892 年春回到家乡亲自设计的，建房款项由在美国檀香山的大哥孙眉提供。

图 7-19 是中国 2006 年发行的孙中山故居、中山陵、中山纪念堂邮票。

图 7-19

毛泽东（1893～1976），字润之，湖南湘潭人。伟大的马克思主义者、无产阶级革命家、军事家、诗人。曾担任中央人民政府主席、全国政协名誉主席，长期担任中国共产党中央委员会主席、中央军委主席等职务。毛泽东故居位于湖南省湘潭县韶山冲上屋场，坐落在苍松翠柏的山麓旁，为一担柴式泥墙青瓦房子。分为一明二次二稍间，左右有厢房（右侧为邻居住房），后面是天井和置放农具的杂屋，这种建筑形式在湖南农村比较常见。故居堂屋不大，原和邻居家合用。靠里端墙壁上嵌着神龛，当年毛家就在这里祭祖。

图 7-20

图 7-20 是中国 1976 年发行的韶山毛主席故居、韶山农民夜校旧址、韶山农民协会旧址邮票。

一代乐圣贝多芬 1770 年 12 月 16 日诞生在德国波恩一个宫廷乐师之家。他的故居位于莱茵河畔的一条小巷中，是一座大屋顶橘黄色的三层小楼，两侧均与其他楼房相互衔接。三楼有一间不到 10 平方米的小房间是贝多芬的卧室，据说他就出生在这里并住在这间房里直至 22 岁离家。100 年前这里被改建成贝多芬纪念馆，以后又相继在此建立了贝多

图 7–21

芬文献资料库和贝多芬音乐研究室。楼内有 6 间房子被改建成互通式展览室，展出贝多芬生前使用过的东西及乐谱和书信手稿等。许多游人徜徉在这座音乐宝库中流连忘返，他们久久注视着这些凝聚着贝多芬一生心血、充满智慧和创造力的“音乐圣经”。

图 7–21 是马尔代夫 1977 年发行的贝多芬纪念邮票，图案分别为少年贝多芬及故居、贝多芬因失聪写遗书的地方。

图 7–22 分别是多哥 1977 年发行、格林纳达 1978 年发行的贝多芬与故居邮票。

图 7–22

创造一个城市的每一代人都有它的精英与代表，他们是这个城市或地域的灵魂。故居正是这种城市灵魂的象征与确凿存在。它是一个城市或地域十分重要的精神遗产。从文明角度来说，它是神圣不可侵犯的。

奥地利作曲家莫扎特（1756 ～ 1791）被誉为音乐“神童”。5 岁开始作曲，7 岁起在德国及欧洲巡回演出，8 岁半写出了至今仍在演出的降 E 大调《第一交响曲》。35 岁离开人世。莫扎特短暂的一生中，创作了丰富的不朽乐章，其中包括 20 多部歌剧、30 多部交响乐。

德国作曲家施特劳斯（1864 ～ 1949）12 岁写成作品第一号《节日进行曲》。一生创作了 9 部交响诗及交响曲，14 部歌剧。先后任慕尼黑宫廷剧院、魏玛乐团、柏林爱乐乐团指挥和柏林歌剧院、维也纳歌剧院总监。

对这些著名的音乐家而言，他们一生中无数次亲自指挥演奏自己作品的音乐厅、歌剧院，是他们精神的寄托、生命的归宿，也是创造人生辉煌的地方。在后人的心目中，这些艺术殿堂与他们的名字联系在一起，如同对他们进行追忆和缅怀的圣地。

图 7–23 是罗马尼亚 1985 年发行的欧洲音乐年邮票，图案分别为披长发的莫扎特与维也纳歌剧院、留胡须的施特劳斯与慕尼黑国家剧院。

图 7–23

图 7–24 是 1985 年泽西岛发行的英国女歌唱家赫里尔与伦敦歌剧院邮票。

图 7–24

3. 文卫、科教类建筑

文卫、科教类建筑包括各类博物馆、展览馆、美术馆、文化宫、图书馆、医院、疗养院、学校、科研院所等。这些机构关系着人类文明的传承发展，关系着人民群众的身心健康，其建筑亦代表着一个国家或一座城市在文化、科学、教育领域所拥有的宝贵资源与成就。这些建筑是一个国家或民族历史业绩的标志，文化精神的象征。

图 7–25 分别是奥地利 1983 年发行的上奥地利州林茨博物馆 150 周年邮票，阿根廷 1958 年发行的拉普拉塔博物馆邮票。

图 7–25

图 7–26 分别是瑞典 1966 年发行的国家美术馆 100 周年邮票，图案为美术馆楼梯口；英属马恩岛 1978 年发行的佩尔的沃德人民图书馆邮票；巴西 1989 年发行的巴伊亚图书馆和浮雕邮票。

图 7–27 是吉尔吉斯斯坦 2006 年发行的比什凯克建筑邮票小全张，图案分别为体育馆、剧院、音乐厅、博物馆。

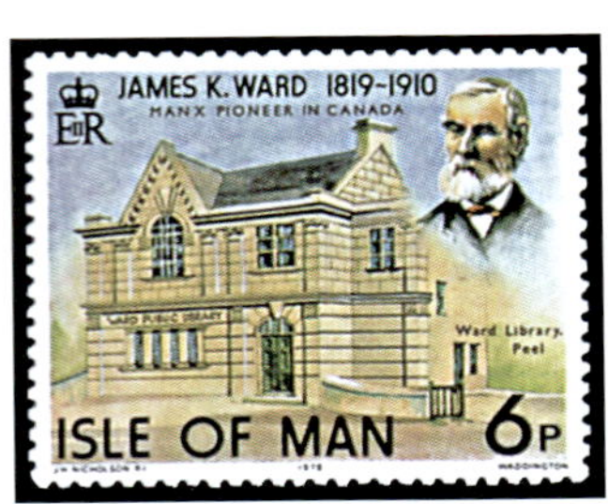

图 7–26

图 7–27

中国江苏南通博物苑在江苏南通市东南濠河畔，创办人张謇。建于清光绪三十一年（1905），是中国自办最早的博物馆。初建时，占地 35 亩，以后逐步扩大，有中馆、南馆、北馆。收藏、陈列历史文物和自然标本，并广植树木花草，有假山、荷池、茅亭、水榭，是一座具有园林特色的博物馆兼植物园。1938 年日军占领南通，博物苑遭受严重的破坏。1949 年 10 月 1 日新中国成立后修复，除收集散失的文物外，并征集南通地区的文物、资料，成为综合性的地方博物馆。

图 7-28 是中国 2005 年发行的南通博物苑邮票，图案分别为南馆、中馆。

图 7-28

图 7-29 是中国 2009 年发行的国家图书馆古籍馆、总馆北区邮票。

图 7-29

中国人民革命军事博物馆于 1959 年建成。占地 8 公顷，建筑面积 60557 平方米。平面呈山字形，中央 7 层，两翼各 4 层。中央塔楼高 94.7 米，塔尖托着直径 6 米的中国人民解放军军徽。大楼内有东西对称的 4 对陈列厅，楼外有两个展览广场。

北京展览馆原称苏联展览馆，是 1954 年为举办苏联经济及文化建设展览会而建造的。占地 13.2 公顷，建筑面积 88500 平方米，包括展览大厅、电影院、餐厅等。建筑物中心是典型的俄罗斯式尖塔，90 米高的塔尖上是一颗红玉玻璃制成的巨型五角星。这是一座中苏友好时代的历史性建筑物。

图 7-30 是中国 1961 年发行的中国人民革命军事博物馆邮票，1954 年发行的苏联展览馆邮票，

图 7-30

2008 年发行的北京展览馆邮票，2008 年发行的闽台缘博物馆邮票。

1978 年中国共产党第十一届三中全会确立改革开放政策以来，随着国家实力的增强，中国陆续新建和改扩建了一批博物馆，其中具有代表性的博物馆有：

①陕西历史博物馆。位于古都西安，是中国第一座拥有现代化设施的大型国家级博物馆，1991 年建成开放。馆区占地 65000 平方米，建筑面积 55600 平方米，文物库 8000 平方米，展厅总长 2000 多米，馆舍为“中央殿堂，四隅崇楼”的唐风建筑群，典雅凝重，规模宏大，该馆集中了陕西地区出土的文物 37 万余件。

②上海博物馆。1995 年建成，藏有 12 万余件文物。新馆的整幢建筑是上圆下方的造型，寓意中国的传统文化“天圆地方”。从远处眺望，整座建筑宛如一尊中国古代的青铜器，建筑面积 4 万平方米，地下一层半，地面四层半。

③河南博物院。是现代化的历史艺术类博物馆，坐落在郑州市，1998 年对外开放。占地面积 10 余万平方米，建筑面积 7.8 万平方米，馆藏文物 13 万多件。

④西藏博物馆。是全国支援西藏建设的 62 项工程建设项目之一，也是西藏文物战线投资额最大、规模最大的项目之一。博物馆占地 4.95 万平方米，建筑面积 2.08 万平方米。

⑤天津自然博物馆。前身系 1914 年法国人创建的北疆博物院。1952 年改名天津市人民科学馆，1957 年更今名。1998 年拓建成现状。是中国目前规模最大、馆藏量最多的综合性博物馆。占地 2 万平方米，建筑面积 1.2 万平方米。收集动物、植物、古生物和地质等各类标本 38 万件，模型标本 1452 件。有陈列馆、藏品库、植物园、业务用房等 4 个功能区。

图 7–31 是中国 2002 年发行的博物馆建设邮票，图案分别为陕西历史博物馆、上海博物馆、河南博物院、西藏博物馆、天津自然博物馆。

图 7–32 是英国 1990 年发行的爱丁堡英国集邮社、格拉斯哥艺术学校、格拉斯哥·坦普尔顿地毯厂邮票。

图 7–33 分别是阿拉伯也门 1972 年发行的联邦德国慕尼黑的古代雕塑博物馆（1r）邮票，摩纳哥 1975 年发行的蒙特卡洛国家博物馆（1.2f）邮票，土耳其 1961 年发行的康狄尔天文台（75+5Lt）邮票。

书院是中国封建社会特有的一种教育组织形式。它以私人创办为主，是积聚大量图书，教学活动与学术研究相结合的高等教育机构，对中国封建社会的政治和学术的繁荣发生过重要作用。应天书院原址在应天府（今河南商丘），始建于五代后晋时期，创办者是杨悫。后杨悫的弟子戚同文继承师业，成为一代经师。1027年，知府晏殊聘范仲淹主管学府，培养了大批人才，使应天书院达

图 7－31

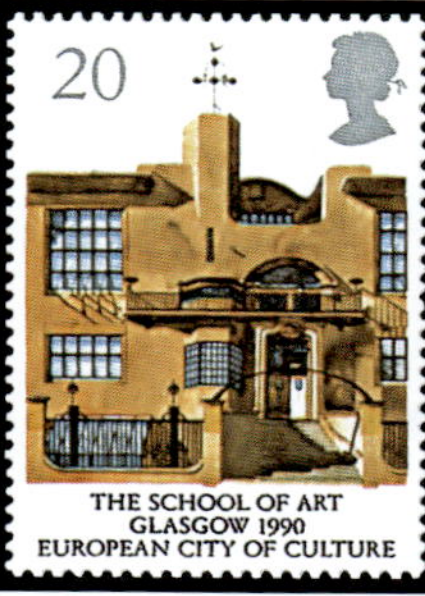

图 7－32

图 7－33

图 7–34

到了鼎盛时期。现仅存月牙池、大成殿、明伦堂等建筑。嵩阳书院原址在河南登封太室山（嵩山东峰）。原名嵩阳寺，北魏孝文帝太和八年（484）始建。五代后周改为太乙书院，宋初又名太室书院，仁宗景稿二年（1035）始更名为嵩阳书院。理学的奠基人程颢、程颐及范仲淹、司马光等都曾在此讲学。清康熙十六年（1677）书院重建，后又增建了书院别墅、藏书楼、讲堂、道统祠等。

图 7–34 是中国 1998 年发行的古代书院邮票，图案分别为应天书院、嵩阳书院、岳麓书院、白鹿书院。

岳麓书院原址在湖南长沙岳麓山。最初由唐末五代僧人智睿在此办学。宋开宝九年（976）潭州太守朱洞创办书院。宋天禧二年（1018），真宗赐“岳麓书院”匾额及内府书籍，由此名闻天下。现尚存文昌阁、御书楼、六君子堂、十彝器堂、濂溪祠、湘水校经堂、赫曦台、自卑亭等建筑。白鹿书院原址在江西九江庐山五老峰东南。唐贞元元年（785），洛阳人李渤、李涉兄弟在此隐居读书。李渤养白鹿以自娱，人称“白鹿先生”，后于其地建台榭，号为白鹿洞。南唐时就遗址建学馆，称庐山国学。宋时改名白鹿洞书院。南宋朱熹任南康军守时，派人主持修复白鹿洞书院。明代思想家、教育家王阳明亦曾讲学于此。清末改为江西林业学堂。现有圣殿、御书阁、彝化堂等。

图 7–35

图 7–35 是中国 1998

图 7-36

年发行的北京大学建校 100 周年邮票，1979 年发行的中央档案馆邮票。

图 7-36 分别是苏联 1954 年发行的国立谢甫琴科大学邮票，南斯拉夫 1978 年发行的松博尔师范学院 200 周年邮票，匈牙利 1967 年发行的布达佩斯厄缶大学 300 周年邮票。

图 7-37 是意大利 1992 年发行的那不勒斯大学楼顶邮票，1989 年发行的米兰的帕里尼中学邮票，1991 发行的萨萨里的阿祖尼中学邮票。

图 7-37

图 7-38 分别是阿根廷 1966 年发行的布宜诺斯艾利斯德拉萨大学和创建者纪念碑邮票，巴西 1989 年发行的皇家军事学院 100 周年邮票，图案为教学楼和纪念碑。

哥伦比亚大学是美国最古老的五所大学之一，位于纽约市曼哈顿的晨边高地。1754 年根据英国国王乔治二世颁布的《国王宪章》而成立，名为国王学院。1896 年成为哥伦比亚大学。该校图书馆藏书 870 万册。

图 7-38

普森斯顿大学始建于 1746 年，位于普林斯顿小镇。此时的学校规模很小，只有一幢名叫“拿骚楼”的大楼，是以英王威廉三世的橙色拿骚王室命名。几个世纪以来，拿骚楼的角色从多功能建筑、办公楼、宿舍、图书馆，到专用的教室，一直演变到今天的行政大楼。

图 7-39 是美国 1954 年发行的哥伦比亚大学 200 周年邮票，图案为大学图书馆；1956 年发行的普林斯顿大学拿骚楼 200 周年邮票。

图 7-40 是美国 1981 年发行的美国建筑邮票方连，图案分别为纽约大学图书馆、北卡罗莱纳州议会大厦、旧金山美术馆、明尼苏达州欧瓦顿纳银行。

图 7-39

图 7-40

图 7-41

美国旧金山美术馆由著名华裔建筑师贝聿铭设计，建筑具有浓厚的阿拉伯建筑风格，特别是中央的圆柱玻璃结构，是该大楼的建筑焦点。建筑以花岗岩覆面，立面上没有建造任何窗户。三节式阶梯形结构凸显建筑物的立体线条，整体大楼看上去十分宏伟，从视觉上表现了该建筑物作为艺术用途的特质。

图 7-41 是印度 2006 年发行的斯利那加学院、希姆拉的圣彼德学院邮票。

图 7-42 是奥地利 1987 年发行的维也纳的奥地利中心大楼，1984 年发行的维也纳司法宫的

律师雕像及会徽邮票。

图 7-42

图 7-43 是牙买加 1946 年发行的牙买加研究院邮票。

图 7-43

布鲁日是比利时古城，西佛兰德省省会，历史上有“北方威尼斯”、“比利时艺术圣地”、“佛兰德珍珠”等美称。市内河渠如网，风光旖旎，古式房屋鳞次栉比，市容仍保留有浓厚的中世纪风貌。主要古建筑有 12 世纪的圣约翰医院、13 世纪的圣母院、14 世纪的哥特式市政厅、15 世纪的皇宫旧址、1887 年的新哥特式邮政大楼、始建于 10 世纪的古老教堂等。市中心的市场大厅（13 世纪）上矗立着一座雄伟的钟楼，上有一台有 46 个钟铃的钟琴，琴声美妙悦耳。

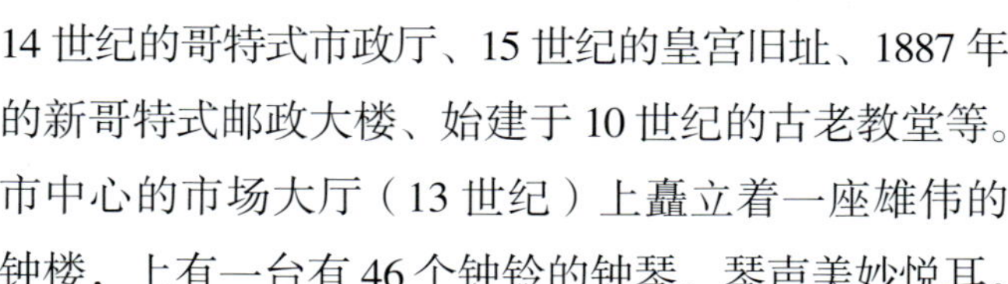

图 7-44 是比利时 1974 年发行的历史性建筑邮票，图案分别为布鲁塞尔天文馆（3fr）、布赖纳堡的刑柱（4fr）、布鲁日的钟楼（10fr）。

图 7-45 是比利时 1967 年发行的奥斯坦德疗养院邮票。

图 7-46 是荷属安的列斯

图 7-44

图 7-45

图 7-46

1981 年发行的圣伊丽莎白医院 125 周年邮票，图案分别为医院大门、医院建筑。

图 7-47 是圣马力诺 1986 年发行的克隆哥医院邮票。

图 7-47

图 7-48 是捷克斯洛伐克 1988 年发行的莫托尔教学医院邮票，1956 年发行的马丽安斯克拉涅温泉疗养院邮票。

图 7-48

4. 超高建筑

艺术首要的目的之一是要制造一种需求，而这种需求又必须到成功后才能得到满足。在历史上，每一种建筑艺术形式的影响力量有时需要技术水平的改进，才能全部发挥出来，亦即新艺术形式（新经典）的诞生。

强调建筑的功能和使用效率是现代建筑理念的核心内容，其最典型的体现莫过于以摩天楼、电视塔等为代表的超高层建筑。随着大都市建筑密度的迅速增高，地价日趋昂贵，再加上商业活动对企业形象的要求等原因，建筑的高层化成了不可避免的趋势。材料技术和结构技术等方面的进步为超高层建筑提供了可靠的保证。这些建筑体现了挑战极限、开拓典型的勇气和自信，确立了新而且独特的建筑审美领域。

图 7-49

图 7-49 是新加坡 2008 年发行的城市超高建筑邮票。

摩天大楼又称为超高大楼，起初为一二十层的建筑，但现在通常指超过 40 层或 50 层的高楼大厦。在中国内地，建筑规范规定 100 米以上高度的属于超高层建筑，但日本、法国规定，超过 60 米就属于超高层建筑。在美国，则普遍认为 152 米以上的建筑为摩天大楼。

利用承重墙的建筑物至多高 5 层。因为最底层的墙无论多厚也不能支撑更高的结构。只有利用框架支承上层重量，外加较轻的墙壁，才可能建筑高楼。到了 19 世纪，钢铁产量大增，而且性能可靠，才有了根本解决办法。

图 7–50 是中国 2004 年与西班牙联合发行的城市建设邮票，图案为西班牙古埃尔公园。

图 7–50

20 世纪 70 年代起，中国香港的新建筑如雨后春笋般矗立起来，许多建筑物不仅创造着高度的纪录，而且设计造型各具特色。由于香港在国际金融市场具有重要地位，金融类的建筑无不争奇斗艳，独树新标。香港交易所大楼以方形、半圆形等几何形体组成造型别致的塔式楼。它为城市带来了一个行人天桥系统及公共开放空间，也带来了城市建筑设计的新概念。1986 年建成的 41 层高的香港汇丰银行总部大厦，整个建筑由 8 个竖向的组合柱和 5 组斜面悬吊结构组成，加上灰色外墙，给人耳目一新的感觉。

图 7–51

图 7–51 是中国香港 1985 年发行的交易所大楼、汇丰银行总部大厦邮票。

香港中国银行大厦的体量与造型，以新奇物化了一个时期的建筑设计思想和技术。大厦由著名的贝聿铭事务所设计，70 层高，1990 年建成。中银大厦外形似一棵拔地而起，节节上升的翠竹，显得朝气蓬勃。由于它曾是香港的最高建筑，又是三角形组合的玻璃盒子，在各种色光下有种种变幻的形象，非常抢眼。在中银大厦的底座部分采用了一些方窗划格，具有明显的中国传统风格。虽然香港的风水家对此楼有些微词，却无碍于它的新奇夺目。

图 7–52 是中国 1996 年发行的香港中银大厦邮票，2007 年发行的香港维多利亚湾的楼群邮票。

上海金茂大厦于 1994 年 5 月动工，1999 年 8 月全面营业。金茂大厦占地 2.3

图 7－52

公顷，总建筑面积 29 万平方米。是由美国的 SOM 建筑设计事务所建造的。

大厦耸立于黄埔江畔陆家嘴金融贸易中心，主体建筑地上 88 层，地下 3 层，高 420.5 米，曾为中国大陆第一高楼。金茂大厦是融办公、商务、宾馆等多功能为一体的智能化高档楼宇，第 3 ～ 50 层为可容纳 1 万多人同时办公的、宽敞明亮的无柱空间；第 51 ～ 52 层为机电设备层；第 53 ～ 87 层为世界上最高的超五星级金茂凯悦大酒店。距地面 341 米的第 88 层为观光层，可容纳 1000 多名游客。环顾四周，极目眺望，上海新貌尽收眼底。

图 7－53

图 7–53 是中国 2004 年发行的上海金茂大厦邮票。

马来西亚首都吉隆坡的双峰塔楼，由两座各 88 层的摩天大楼组成，高度均为 452 米，在目前世界最高摩天大楼中分别排名第三、第四位，成为吉隆坡的标志性建筑。双峰塔楼由美国建筑设计师西萨·佩里设计。大楼表面大量使用了不锈钢与玻璃等材质，整栋大楼的格局采用传统伊斯兰艺术风格的几何造型，包含了四方形和圆形，反映出马来西亚的伊斯兰文化传统。

图 7－54

双峰塔楼是马来西亚石油公司的综合办公大楼，包括了办公楼、公共设施、会议中心、信息中心、图书馆，还有一所艺廊。在 41 和 42 楼之间，有“天空之桥”与塔相连。

图 7–54 是马来西亚 2007 年发行的吉隆坡双峰塔楼邮票。

电视是 20 世纪科学技术最伟大的发明创造之一，它的出现改变了人们的生活和习惯。在电视直播卫星上天和有线电视普及之前，为了扩大电视的覆盖面，主要采用扩大发射机功率和增高电视发射天线的高度。因此，有的将电视发射天线安装在高山顶上，或者在城市里建电视高塔。电视塔高度的不断刷新，记载了电视发展的历程。电视塔愈建愈高，终于成为现代最高的建筑物，也是城市中的最高点。现在的电视塔已经不单是播放电视，还能上去游览，有些电视塔上面设有旋转餐厅，成为一种多用途的高塔。

图 7-55

图 7-55 分别是法国 1963 年发行的巴黎电视中心大楼邮票；沙特阿拉伯 1982 年发行的利雅得电视中心邮票。

图 7-56

图 7-56 是中国 1988 年发行的中央电视台大楼邮票，2008 年发行的中央电视台新址大楼邮票。中国中央电视台新址大楼总面积达 47.3 万平方米，采用悬臂横楼钢架结构，造型独特，气势恢宏，如同一座“力与美的现代雕塑”。

图 7-57

图 7-57 是保加利亚 1977 年发行的索非亚和柏林电视塔邮票，1984 年发行的斯涅然卡电视塔、奥列列克电视塔邮票。

世界各国先后都参与了电视塔高度的竞争。世界排名前 10 名的高塔有加拿大多伦多电视塔 553 米、俄罗斯莫斯科奥斯坦基诺电视塔 540 米、中国上海东方明珠电视塔 468 米、美国芝加哥约翰汉克中心 443.6 米、美国曼哈顿帝国大

图 7-58

厦 443 米、马来西亚吉隆坡电视塔 421 米、中国天津广播电视塔 421 米、乌兹别克斯坦塔什干电视塔 375 米、德国柏林电视塔 368 米。

图 7-58 是蒙古 1978 年发行的加拿大国际邮展小型张，边纸图案为多伦多市容、电视塔。

加拿大多伦多电视塔高度 553.33 米，1976 年建成，为世界第一高塔。现有 6 部电梯，到达 346 米高处仅需 58 秒。塔上有一处最吸引人的地方，是在 342 米高度的瞭望台上著名的“玻璃地板”。透过透明的玻璃向下看地面，的确感到惊险和刺激。

莫斯科奥斯坦基诺电视塔建于 1967 年，高 540 米，堪称欧洲之最。位于电视塔 337 米高处的“七重天餐厅”是观看莫斯科全景的最佳地点。

图 7-59 分别是苏联 1967 年、1969 年发行，保加利亚 1978 年发行的莫斯科奥斯坦基诺电视塔邮票。

图 7-59

上海东方明珠广播电视塔在外滩对面的黄浦江边，成为上海新的标志性建筑。塔高 468 米，1994 年 10 月建成。东方明珠塔的建筑形式是 11 个大小不一、高低错落排列的球体从蔚蓝的天空串联下落，寓有“大珠小珠落玉盘”的意境。塔体由两颗晶莹夺目的巨大圆球和一颗小巧玲珑的小圆球组成。

图 7-60

球体观光层直径 45 米，高 263 米，是鸟瞰全市景观的最佳处。

图 7-60 是中国 1996 年发行的上海浦东小型张，图案中最高的建筑物即为东方明珠广播电视塔。

除了各式各样的电视塔，在一些国家还专门建有大型的观景塔，供市民和游客观光游览。

图 7-61 是美国 1962 年发行的“21 世纪”国际博览会·华盛顿西雅图观景塔邮票。

图 7-61

5. 体育场馆建筑

体育运动是一种十分普及的大众化健身娱乐活动，高水平的国际体育比赛易于调动起爱好者的兴奋情绪和热爱举动。奥运会、洲际运动会、世界体育单项锦标赛、全国运动会等体育赛事在民众心目中被赋于了展示国家形象、弘扬民族精神的使命。各种举办大型赛事的体育场馆建筑，同样展示着一个国家的形象和实力。

图 7-62 是尼加拉瓜 1949 年发行的第十届世界职业棒球锦标赛体育场设计图邮票。

图 7-62

奥林匹克有着悠久的发展历史和辉煌的成功业绩，正是它的巨大号召力和影响力，在全世界掀起了一次次的奥运热潮。奥运会所宣扬的“更高、更快、更强”的宗旨早

图 7-63

已深入人心，每届奥运会从申办、筹备到举行，都是全球倍受关注的热点盛事。主办国为举办奥运会新建和改建的体育场馆建筑成为不同时期体育建筑艺术的代表作。

各国体育场馆建筑是体育文化伟大复兴的历史缩影，是人类挑战自身极限的历史见证，也是留给体育文化发展永久的纪念。

图 7-63 是民主德国 1976 年发行的蒙特利尔第二十一届奥运会小型张，图案为莱比锡中心体育场，1983 年发行的萨拉热窝第十四届冬季奥运会小型张，图案为萨拉热窝奥林匹克中心。

图 7-64

图 7-64 是罗马尼亚 1991 年发行的巴尔干国际邮展小型张，图案为巴考体育中心。

20 世纪 50 ～ 60 年代，北京兴建了一些现代化的体育场馆，成为主办第一届全国运动会、第二十六届世界乒乓球锦标赛等重大体育比赛活动的场所。

北京工人体育场位于北京朝阳门外工体路。为迎接第一届全国运动会的举行，1959 年 8 月建成。占地 41.5 公顷，总建筑面积 87080 平方米，中心运动场可容纳 8 万观众。为满足举办第十一届亚洲运动会的要求进行了加固和改建。体育场的北端设火炬台，南端设大型记分牌和彩色屏幕，看台改设座椅，增加电子服务和新闻用房。改建后的体育场可容纳 7 万多观众。

图 7–65

北京工人体育馆是北京工人体育场的一个组成部分，位于工人体育场西边。1961 年建成。当年，第二十六届世界乒乓球锦标赛在这里举办。外观是一座直径 120.3 米的环形建筑，共有 4 层。主体是一个盆形比赛大厅，周围是一圈层层收缩的看台，可容纳 1.5 万观众。大厅中间是圆形比赛场。屋顶为悬索式壳体结构，净跨度 94 米。

图 7–65 是中国 1989 年发行的北京工人体育场邮票，1961 年发行的北京工人体育馆邮票。

1990 年 9 月，北京第十一届亚洲运动会成功举办。为此，北京新建了一批大型体育馆，并改建了一些体育场馆。

为第十一届亚运会篮球比赛新建的北京大学生体育馆，位于北京体育师范学院院内。由四根八角形的筒柱支撑着整个建筑，白色厚檐与筒柱又构成具有民族风格的牌坊形象。屋顶采用钢网架结构，屋顶的四面向中起坡，中间的采光窗隆起，使馆内宽敞明亮。建筑面积 9643 平方米，室内净高 16.2 米，共分 3 层。座位 4000 个，其中 2/3 为活动座位。新建的朝阳体育馆位于北京朝阳区六里屯。屋面为椭圆形悬索结构，设计新颖，造型奇特。建筑面积 8520 平方米，室内净高 13.14 米，可容纳 3036 名观众。亚运会期间在这里进行排球比赛。

为第十一届亚运会新建的北京游泳馆是亚洲当时最大的现代化游泳馆，位于北京市北郊体育中心。建筑面积 34782 平方米，比赛大厅内的游泳池为 50 米 ×25 米，水深 3 米；跳水池为 25 米 ×25 米，水深 5.5 米。大厅两侧看台共有 6128 个观众席位。馆内还有练习池、热身池和训练用房等。屋顶为斜拉双坡曲面形网壳结构，由两座巨大的银白色塔筒用钢索拉起，长 117 米。

图 7–66 是中国 1989 年发行的北京第十一届亚运会邮票，图案分别为北京大学生体育馆、北京游泳馆、朝阳体育馆。

2008 年 8 月 8 日，第二十九届奥运会在北京开幕，举国欢腾，举世瞩目。为迎接这届奥运会，北京等城市对奥运体育场馆建筑进行了认真地规划和建

图 7-66

设。最终确定的北京奥运会场馆共 31 座，其中，新建 11 座，改建 12 座，另有 8 座临时场馆。对一批新建场馆通过场馆设计国际招投标，选定了一些造型优美、外观奇特的设计方案。

中国农业大学体育馆是奥运会摔跤项目的比赛场馆，占地面积 13900 平方米。其主比赛厅采用了门式钢架结构，形成高低错落的造型，具有极佳的自然采光和通风效果。老山自行车馆紧邻长安街延长线和西五环。该馆采用了铝合金圆顶，屋面在阳光映照下熠熠生辉，赛道采用了椭圆形木制赛道的先进设计，是国际一流的室内自行车场馆。

国家体育馆是奥运会手球、竞技体操、蹦床等项目的比赛场馆，位于奥林匹克公园中心区的南部。体育馆以中国“折扇”为设计来源，采取由南向北的波浪式造型，屋面轻盈而富于动感。北京大学体育馆是奥运会乒乓球项目的比赛场馆，建筑面积 26000 平方米。图 7-67 是中国 2007 年发行的第二十九届奥林匹克运动会——竞赛场馆邮票，图案

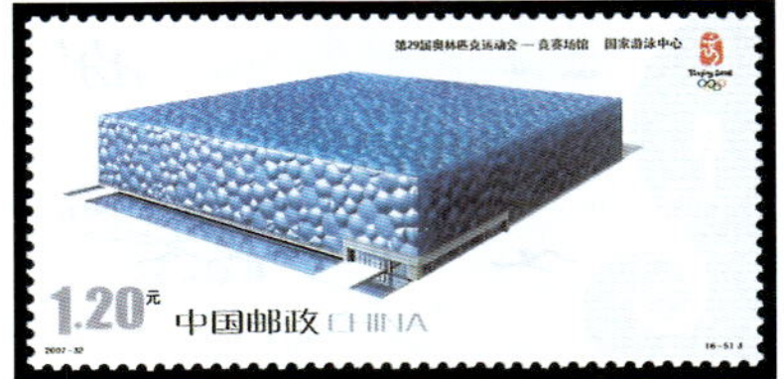

图 7-67

分别为中国农业大学体育馆、老山自行车馆、国家体育馆、北京大学体育馆、国家游泳中心、青岛奥林匹克帆船中心。

国家游泳中心因外观看上去像一个蓝色的水盒子而被称为“水立方”。国家游泳中心融建筑外观设计与结构设计于一体，外观新颖，结构独特。青岛奥林匹克帆船中心坐落于青岛市东部新区浮山湾畔，依山面海，景色优美。占地面积约45公顷，其中场馆区30公顷，是中国水上运动项目的训练基地和比赛中心。

国家体育场是第二十九届奥运会主体育场，本届奥运会的开、闭幕式及足球、田径等项目的比赛场。坐落在奥林匹克公园中央区，其造型像树枝编织的鸟巢。

2004 年，政府决策层经过调研，决定“鸟巢”、“水立方”等主要奥运场馆缩减投资规模。缩减钢材的使用量是减少奥运场馆投资的主要途径。“鸟巢”原计划投资 38.9 亿元，耗费钢材 8 万吨。决定去掉可开启屋顶设计，“鸟巢”在“瘦身”之后，用钢量减至 4 万吨，预算减至约 23 亿元。水立方用钢量从 8000 吨减至 6000 吨。

图 7-68 是中国 2007 年发行的第二十九届奥运会国家体育场小型张。

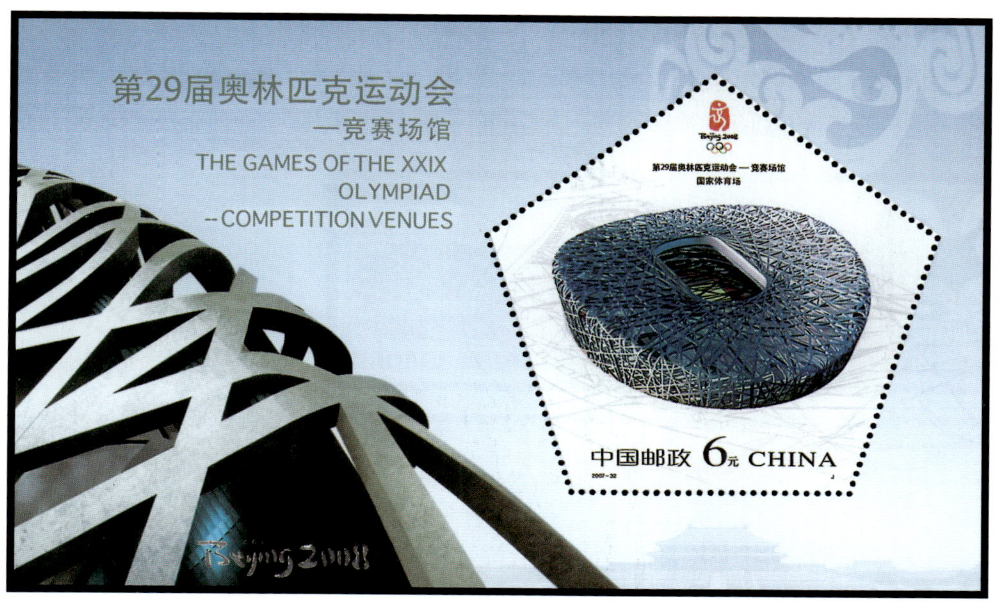

图 7-68

八

展现人类文明的建筑邮票

以邮票的方寸之地图说博大精深的世界建筑艺术，显然是力不从心的。尽管如此，无数枚中外建筑邮票宛如散落的玻璃碎片，倒映着古今建筑圣殿的光辉，其中勾勒的图景寄托着缅怀与情愫，让人着迷。

1．发行建筑邮票的主题和方式

邮票被誉为袖珍的百科全书和艺术画廊。在邮票大家族中，建筑题材邮票是重要的门类之一。世界各国都十分重视对这一选题的开拓与设计，纷纷把本国最具历史文化价值的建筑物展现在邮票上，作为一种弘扬民族文化、民族精神、民族瑰宝的宣传品牌。建筑艺术堪称“国家的名片”——邮票上光彩夺目的明珠。

图 8–1 是比利时 1973 年发行的文化系列邮票，图案分别为根特市比耶洛克教堂（2+1f）、洛布学校与教堂（4.5+2f）、海弗莱隐修院和公园（8+4f）、

图 8–1

弗洛雷夫隐修院（9+4.5f）。

从世界各国发行的大量建筑邮票中，人们能够领略人类建筑文化的丰富多彩、建筑艺术的美轮美奂，以及建筑对于塑造民族精神的重要意义。建筑邮票向世人讲述本民族弥足珍贵的建筑成就，颂扬人类建筑发展史灿烂光辉的过去及现代。这些邮票焕发着文化艺术的气息，寄托着民族自豪的情感。

图 8-2

图 8-2 分别是比利时 1967 年发行的罗伯特·舒曼纪念馆和雕塑《跪者》邮票，吉尔吉斯斯坦 1993 年发行的比什凯克博览会会址邮票，英国 1984 年发行的皇家建筑师学会成立 150 周年邮票。

建筑邮票包涵的内容有：①著名的世界文化遗产；②各国历史古建筑、标志性建筑、纪念性建筑；③文体类建筑、市政及交通建筑、民居建筑；④国际建筑组织、会议，纪念著名建筑师。

“建筑师的知识要广博，要有哲学家的头脑，社会学家的眼光，工程师的精确与实践，心理学家的洞察力，但最本质的，他应当是一个具有文化修养的综合艺术家。”这是 20 世纪 30 年代在创办中国第一个建筑学系时，梁思成曾为“建筑师”设计过的标准。

图 8-3 分别是西班牙 1975 年发行的建筑师帕拉西奥斯与卡萨古尔城堡邮票，联邦德国 1981 年发行的建筑师卡尔·冈塔尔德与克莱斯特帕克王宫柱廊邮票。

图 8-3

图 8-4 是斯威士兰 1978 年发行的老市政厅邮票。

纵观各国发行建筑邮票有以下几方面主题：

（1）宣传本国及世界古老的建筑艺术历史及著名的建筑杰作。

图 8-4

法国作家维克多·雨果曾说："艺术有两个原则：理念和梦幻。理念产生了西方艺术，梦幻产生了东方艺术。如同巴特农是理念艺术的代表一样，圆明园是梦幻艺术的代表。它汇集了一个民族的几乎是人类的想象力所创作的全部成果。"

发行建筑邮票，能够将本国及全人类引以为豪的经典建筑艺术展现在世人面前，从中审视人类创造的建筑科技给世界带来的文明和信仰。

图 8-5 是古巴 1992 年发行的教堂邮票，图案分别为科布雷大教堂（5c）、圣玛利亚大教堂（20c）、埃斯皮里图圣托大教堂（30c）、圣天使大教堂（50c）。

图 8-6 是波兰 1984 年发行的教堂邮票，图案分别为 1777 年华沙的福音教堂（5z）、11 世纪克拉科夫的圣安德烈教堂（10z）、1653 年里赫瓦尔德的正教教堂（15z）、1868 年华沙的玛丽亚正教教堂（20z）、1642 年蒂克青的犹太教堂（25z）、18 世纪克鲁什尼的伊斯兰教堂（31z）。

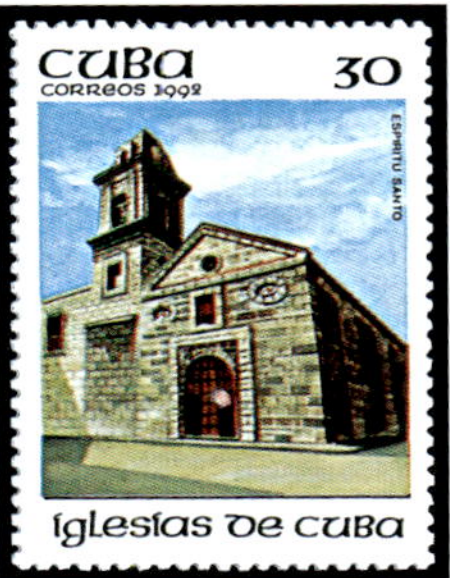

图 8-5

图 8-6

值得一提的是，在曾被殖民主义者侵占、统治的国家，遗留下许多带有殖民者印记的建筑物。获得独立后，殖民者被赶走了，这些建筑物成为殖民主义历史的见证。如今，在许多亚洲、非洲、拉丁美洲国家发行的建筑邮票上，昔日外来占领者兴建的各种建筑，如同一座“西方建筑博物馆”。在这些邮票中，同台表演的西洋建筑文化，宣示公正的古典式、表达虔诚的哥特式、倡导高雅的文艺复兴式、彰显宝贵的巴洛克式，各具特色。目光所及，仿佛异国他乡，豪华气派的官邸场馆、花园洋房让人有一种不可名状的疏离感。

近代，有一些国家对异国建筑艺术采取包容的态度，使不同文化背景的建筑风格有机结合，开创出现代城市的亮丽景观。

图 8-7 是墨西哥 1982 年发行的殖民时期建筑邮票，图案分别为圣保罗教堂（1.6p）、圣母玛丽亚修道院（8p）、圣母玛丽亚修道院（10p）、耶稣受难修道院（14p）。

图 8-8 是西萨摩亚发行的教堂与西方传教士邮票。

图 8-9 是圣卢西亚 1986 年发行的教堂邮票。

图 8-7

图 8-8

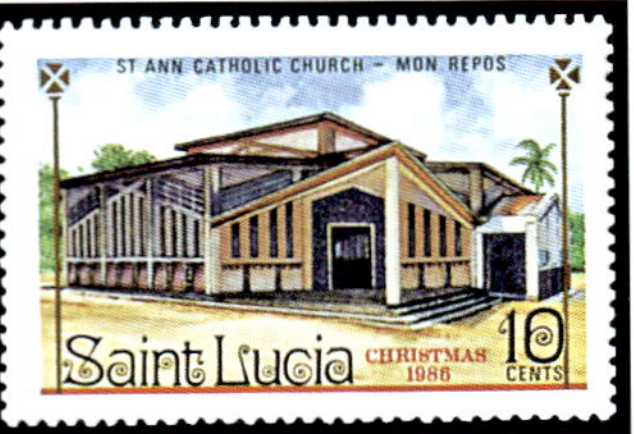

图 8-9

赤崁楼位于中国台湾省台南市，原为 17 世纪荷兰人入侵台湾时所建普罗文萨堡。早期的汉人称荷兰人为红毛，所以也把赤崁楼叫做红毛楼，或称番仔楼。清光绪五年（1879）在原址建中国式传统楼阁。现有大士殿、蓬壶书院、五子祠、海神庙、文昌阁等，雕栏凌空，轩豁四达，为台南市历史博物馆。

图 8-10 是中国 1979 年发行的台湾省赤崁楼、半屏山邮票。

图 8-11 是斐济发行的首都苏瓦的历史建筑邮票，图案分别为老市政厅（1c）、杜德列依礼拜堂（2c）、旅游宾馆（10c）、殖民地战争纪念医院（15c）。

图 8-10

（2）以建筑物象征历史文化、革命精神、展现国家形象，作为体现国家进步、民族团结、缅怀先辈和纪念名人的精神力量。

1917 年 11 月 7 日十月革命后，俄国建立了世界上第一个社会主义国家。1922 年 12 月，苏联成立。以后还形成了东欧、亚洲一些社会主义国家组成的阵营。苏联及一些国家曾发行过反映各社会主义国家著名建筑的邮票，成为那段特殊年代的历史见证。

图 8-12 是匈牙利 1952 年发行的匈苏友好月邮票，图案为莫斯科红场列宁墓，苏联 1954 年发行的乌克兰科学院大楼邮票。

非洲长期受到欧洲殖民主义者的侵占。19 世纪中叶，英国人入侵埃塞俄比亚，1890 年埃塞俄比亚成为意大利殖民地。1896 年，经过阿杜瓦战役，意大利被迫承认埃塞俄比亚独立。西非的黄金海岸 1897 年沦为英国殖民地。经过长期的抗英

图 8-11

图 8-12

图 8-13

战争和争取自治斗争，1957 年 3 月黄金海岸取得独立，改名加纳。1960 年 7 月 1 日成立加纳共和国。

图 8-13 分别是埃塞俄比亚 1998 年发行的独立 100 周年邮票；加纳 1961 年发行的独立纪念邮票。

建筑物图案有时还具有一些特殊的意义，例如，被用于象征战斗的历史和革命的精神，被用于象征执政者的政治方向和政治态度。

图 8-14 是中国 1961 年发行的中国共产党成立 40 周年邮票，图案分别为上海中共“一大”会址、南昌“八一”起义大楼、瑞金中华苏维埃临时中央政府旧址、延安宝塔山。

图 8-15 是中国 1961 年发行的巴黎公社 90 周

图 8-14

图 8-15

年·哲仁堂上的红旗邮票，1985 年发行的全国总工会成立 60 周年·全总成立会址广州惠州会馆邮票，2009 年发行的中国人民政治协商会议成立 10 周年·全国政协礼堂邮票。

（3）作为宣传民族文化知识、世界遗产保护、推动旅游、体育及文化教育公益事业发展的重要文化元素。

在一切人类文明之花开遍的土地上，最引人注目的名胜是独具特色的古代建筑及当代建筑，最热闹繁华的景象是人们争相游览世界文化遗产。当人们面对无数精美的建筑邮票，如同踏入历史的天空，饱览民族文化和经典建筑的视觉盛宴，心灵将为之震撼，从而加深理解人类巨大的创造力和忘我精神的伟大与不朽。

以建筑邮票形式宣传各种文化元素，非常直观、准确，是一种既庄重又亲切的艺术方式，使人能够产生历史的厚重感，唤起珍惜文化遗产的审美意识。

图 8-16 是新西兰 1982 年发行的 1893 年建筑邮票，1990 年发行的奥马鲁法院邮票。

图 8-17 分别是乌拉圭 1954 年发行的蒙特维的亚要塞，莫桑比克发行的工业项目，卢旺达、摩尔多瓦发行的教堂邮票。

图 8-18 是图瓦鲁 1976 年发

图 8-16

图 8-17

图 8-18

行的早期建筑邮票。

一个时代有一个时代的打扮特点，一个时代也有一个时代的文化风貌，建筑正是时代特点与风貌的忠实体现。利用邮票这种特殊的形式宣传传统文化与遗产保护，具有普及性、观赏性和趣味性，易于广泛传播，深入人心，达到潜移默化的教化之功。

建筑邮票不仅能够记忆古代文明创造的生命永恒，而且可以记录现代文化创造的前进步伐。许多具有历史性、标志性的建筑物，浓缩了历史发展的重要时刻，彰显了科技发展的重大成果。如同人类永无止境的艺术追求一样，持续发行的建筑邮票将使方寸天地中的建筑奇葩异彩纷呈，光芒永驻。

图 8-19 是圣文森特 1978 年发行的伊丽莎白二世即位 25 周年邮票，图案分别为威斯敏斯特大教堂（40c）、格洛斯特大教堂（50c）、达勒姆大教堂（1.25s）、埃克斯特大教堂（2.5s）。

图 8-19

图 8-20 是西班牙 1994 年发行的国际邮展小型张。

图 8-21 是中国 2010 年发行的上海世博会邮票，图案为上海世博会建筑世博中心、中国馆、演艺中心、主题馆。

图 8-20

（4）通过两国联合发行建筑邮票或发行别国的建筑题材邮票，象征国家间的文化交流与友谊。

两个国家联合发行邮票是一种新的邮票选题和发行方式，被誉为“邮票外交”。两国联合发行的邮票，由于由双方各自提出题材，经过充分协商，在邮票设计和雕刻方面又采取联合行动，

图 8-21

图 8-22

有的虽由一方设计，但经过方案竞争，取长补短，因而效果较好。

两国联合发行邮票选题有两个显著特点：一是一般不涉及政治主题，以两国名胜古迹、著名建筑、动植物作为主图居多。二是双方题材内容同一或基本对称。无论风光名胜、著名建筑、动植物，均采取两国各选取一种主图的方式，达到内容对应，图案设计风格基本一致的整体效果。

图 8-22 分别是中国与圣马力诺 1996 年联合发行的古代建筑邮票，图案分别为中国长城、圣马力诺城堡；中国与斯洛伐克 2002 年联合发行的亭台与城堡邮票，图案分别为博伊尼采城堡、邯郸丛台。

图 8-23 是英国与中国 2008 年联合发行的奥运会从北京到伦敦邮票小全张，

图 8-23

图 8–24

图案分别为北京国家体育场、故宫角楼、伦敦眼、伦敦塔。

图 8–24 是马来西亚 2004 年发行的马中建交 30 周年小全张。

白宫是美国总统府，坐落在华盛顿市中心区，因外墙是白色砂石结构，故名“白宫”。1792 年奠基，1800 年美国第二届总统约翰 · 亚当斯正式住进白宫。1814 年英军占领华盛顿市时被烧毁,1815 年起重新修复，其后又不断扩建。白宫由主楼和东、西两翼组成，东翼供旅客参观，西翼属办公区，总统椭圆形办公室在西翼内侧。还有图书室、地图室、金、银、瓷器陈列室，一层的北面是白宫的正门，进门后是大理石结构的门厅、内厅。东侧是东大厅，西侧是宴会厅。二层为总统一家居住的地方。

图 8–25 是捷克斯洛伐克 1988 年发行的苏美裁军会议小型张，图案为华盛顿白宫和莫斯科克里姆林宫。

图 8–26 是美国 1950 年发行的白宫 150 周年邮票，美国与爱尔兰 1981 年联合发行的白宫设计者爱尔兰工程师詹姆斯 · 霍本逝世 150 周年邮票。

图 8-25

图 8-26

2. 建筑邮票的艺术特色

古今中外的著名建筑，作为人类留在地球上的伟大杰作，向我们揭示着人与自然和艺术之间的和谐规律。

图 8-27

邮票是一门综合艺术，因为它涉及题材、设计、绘画、印制等很多方面，其中最主要的是设计与印制的艺术。一枚邮票能否引起人们的喜爱，取决于题材内涵、设计艺术和印制质量三个要素。如果邮票有了好的题材，其画面设计精致美观，印刷制作光彩夺目，则会惹人喜爱；如果画面设计不能生动地表达主题内容，或者印制质量不尽如人意，也会使人感到失望。

图 8-27 是比利时 1971 年发行的根特市的古建筑邮票，1978 年发行的赫林贝享的修道院邮票。

图 8-28 是波兰 1982 年、1983 年发行的修复克

图 8-28

拉科夫建筑邮票，图案分别为圣职者会馆、市政厅、建筑大门。

邮票图稿的设计不同于其他绘画创作，是一项高标准、严要求、深入细致而富有特殊性的艺术劳动。邮票是借设计者的头脑和技艺实现国家的意图，因而它有自身特定的规律性和局限性。

（1）邮票是以国家名义发行的，有“国家的自画像”之称。因此，邮票画面设计是根据国家邮票发行计划确定的主题内容进行创作。

（2）邮票画面设计要正确运用艺术语言来表达主题，造型要准确、生动，强调民族风格。对某些主题形象的刻画（如建筑、科技、动物，植物等），力求真实，做到艺术与科学的完美结合。

（3）邮票画面的设计必须严格按邮票的格式构图，在画面上有国家铭记、面值、题名、志号等文字，并占有很重要的位置，既不能有错，又要使图文和谐，成为严谨的整体。

图 8-29 分别是苏联 1981 年发行的国际建筑师协会第十四次会议·华沙邮票，图案为又像楼房屋顶又像圣诞树的会议徽志；西班牙 1967 年发行的全国慈善日邮票；中国 1987 年发行的国际住房年邮票。

图 8-29

图 8-30

图 8-30 是日本 1985 年发行的国际科技博览会邮票小全张，图案分别为博览会展馆、新时代的建筑。

建筑是一种实用工程，是一种艺术创造，也是一种社会文化。文化被看做是不断使人成为文明人，生生不息的教化过程，文化必然是社会大众普遍感兴趣的、时尚的和深刻的。文化不是由一个人改变的，甚至一个时代也很难改变，只能是补充和完善它。建筑艺术作为一种“千年传统”，主要是潜在但以持久的文化价值和信仰层面影响我们。我们今天也许需要不断地作出选择，这种选择是对“传统”非常复杂的重新认识和组合。

建筑邮票设计作为一种绘画，其实是把瞬间变为永恒，它是借用最自然的形态表达最人为的内涵。设计师的工作是通过意匠加工，把设计充分个性化，使这些邮票具有艺术魅力。这样的邮票不仅体现着设计者的思想感情更重要的是成为了社会大众思想感情的化身。

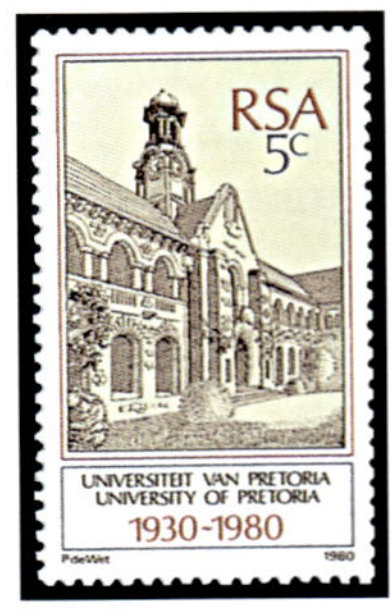

图 8-31

图 8-31 分别是南非 1980 年发行的 1830 年建筑邮票，塞拉利昂发行的饭店

邮票。

图 8–32

图 8–32 是捷克斯洛伐克 1967 年发行的历史名城邮票，图案分别为斯卡列卡（30h）、普日布拉姆（30h）、普雷绍夫（30h）。

邮票图稿体裁丰富多样，例如油画、水彩、水粉、木刻、钢笔画、铅笔素描以及照片等，都可以作为设计绘制图稿的手段。为了将世界建筑所展现的丰富的文化内涵与艺术特色充分在邮票上刻画出来，早期各国发行的建筑邮票多采用照片图案、雕刻版图案，许多邮票设计达到了较高的观赏效果。

图 8–33 是苏联 1978 年发行的亚美尼亚建筑艺术邮票，图案分别为埃雷布里的 8 世纪青铜塑像（4k）、4 世纪的艾奇米亚德辛大教堂（6k）、埃里温市图书馆（12k）、埃里温市的列宁广场（16k）。

图 8–34 是奥地利 1976 年发行的维也纳城犹太教堂

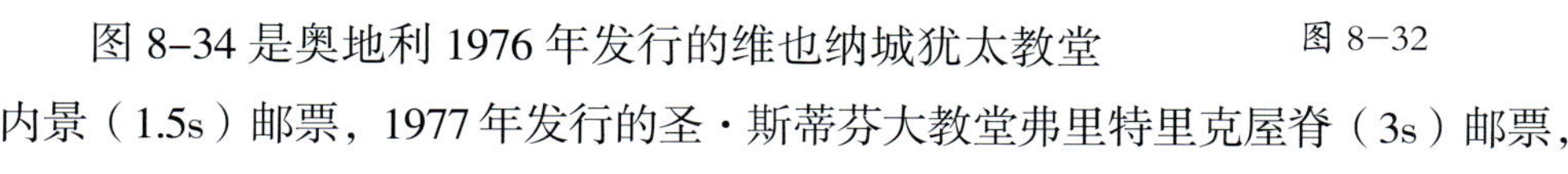

内景（1.5s）邮票，1977 年发行的圣·斯蒂芬大教堂弗里特里克屋脊（3s）邮票，1985 年发行的圣波尔顿主教区教堂（4.5s）邮票。

在建筑邮票选题与设计中，世界各国都注意提倡民族性和典型性，运用民族独特的艺术形式和艺术手法来反映本国建筑的自然和历史面貌，同时，也注意吸收国外邮票设计艺术上的优点，以新的视角和艺术形式展示建筑的个性色彩。

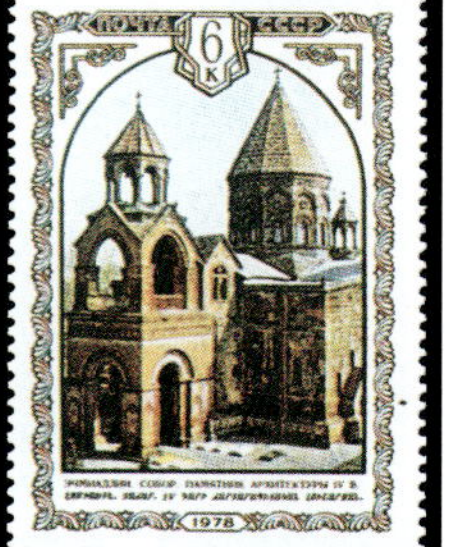

图 8–33

图 8-34

图 8-35

图 8-36

图 8-35 是联邦德国 1964 年发行的德国建筑艺术邮票，图案分别为德累斯顿的瓦尔亭（10pf）、柏林泰格尔宫（15pf）、洛尔什的图尔宫（20pf）、新勃兰登堡大门（60pf）、索埃斯特的欧斯特券门（70pf）、威森伯格的埃里格尔门（80pf）。

图 8-36 是民主德国 1975 年发行的魏玛城新旧建筑群邮票，1989 年发行的莱比锡博览会大楼邮票，1690 年纳施广场旁的商店邮票。

图 8-37 是英国 1969 年发行的教堂邮票，图案分别为达勒姆教堂、约克牧师教堂、爱丁堡圣·贾尔斯教堂、肯特郡坎特伯雷大教堂。

图 8-38 分别是匈牙利 1971 年发行的杰尔牧师会山及杰尔大教堂邮票，新加坡 2004 年发行的乡间农居（无面值）邮票。

近 10 年来开始出现采用电脑技术设计制作邮票的图

图 8-37

图 8-38

稿，这是邮票设计者通过电脑技术加工完成的图稿，具有超越时空的现代美感。

图 8-39 是比利时 1983 年发行的现代建筑艺术邮票，图案分别为动态雕塑：室内光线调节器（50f）、锌版画：圣殿（60f）、由天窗射进光线的建筑物（80f）。

图 8-40 是罗马尼亚 1970 年发行的日本大阪世界博览会小型张，图案为日本宝塔，边纸为计算机打印的各国妇女素描图案。

中国邮票根植于祖国悠久历史文化的沃土，沐浴着民族传统美德智慧的高风，尽情讴歌中华民族的不朽业绩，忠实记录伟大祖国的前进足迹。如何在邮票上完美地表现中国古代建筑的风采，并体现中国建筑邮票设计的民族风格，独秀独芳，并非易事。令人欣慰的是，一些设计精美的建筑邮票，颇具慑召魂梦、以壮观瞻的艺术效果。

图 8-41 是中国 1964 年发行的新安江水电站邮票，图案分别为大坝施工、拦河大坝。这套邮票以风景画的形式描绘了大型水利工程，

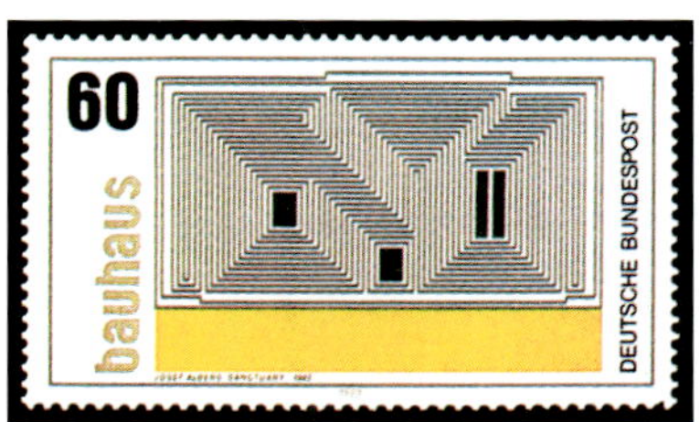

图 8-39

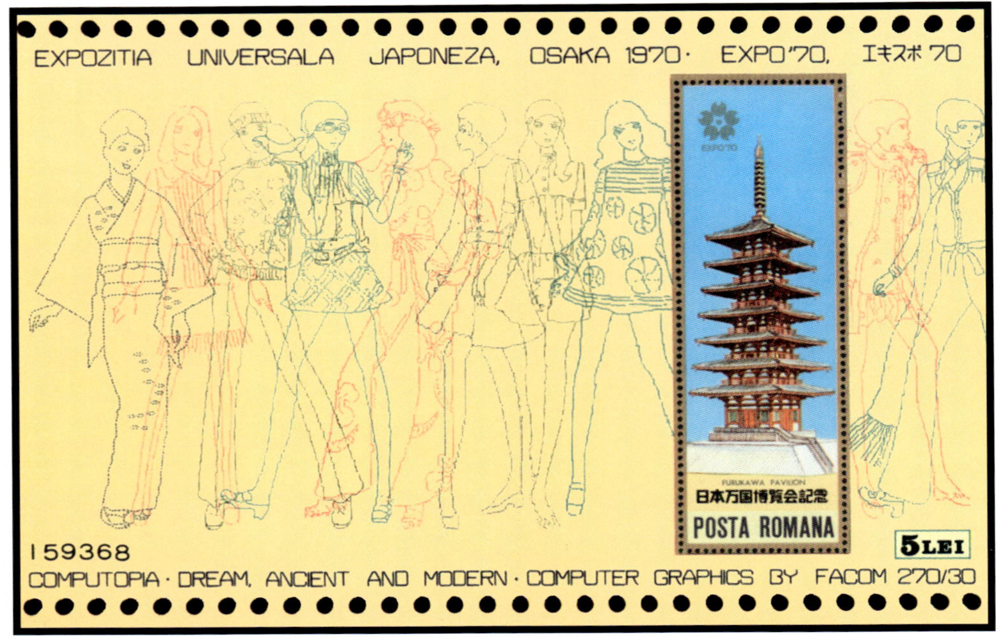

图 8-40

具有丰富的观赏趣味。

在桥梁建设题材的邮票设计中，设计者曾经运用过不同的艺术手法。例如，1978 年公路拱桥邮票采用水粉画手法，将桥梁与周围的环境描绘的色彩明快，富有中国传统绘画的意境。2000 年的长江公路大桥邮票，以类似摄影的艺术手法，将大桥置于广阔的蓝天白云之间，苑若天梯，气势如虹。2001 年的芜湖长江大桥邮票则采用线条白描艺术手法，似设计图纸，如版画，雕刻版印制效果别具特色。

图 8-41

图 8-42 是中国 1978 年发行的公路拱桥邮票，图案分别为川西钢拱桥、无锡新虹桥、川西箱型拱桥、三门桁架拱桥。

图 8-42

图 8-43

图 8-43 是中国 2000 年发行的长江公路大桥邮票，图案分别为万县长江大桥、黄石长江大桥、铜陵长江大桥、江阴长江大桥。

图 8-44 是中国 2001 年发行的芜湖长江大桥邮票，图案分别为大桥侧面、大桥桥面。

湖南省的凤凰古城，现有的楼阁城门、虹桥民居闻名于世，其中明清特色民居多达 120 栋，石板古街 20 多条，虽经历代风雨沧桑，至今古貌犹存，是一座群山环抱、沱江长流的美丽山城。《凤凰古城》这套邮票表现其古貌古

图 8-44

图 8-45

味的构思很有特点，虽然主题是“建筑”，但大胆以山水托物，淡雅清幽，使画面如同写实兼写意的国画。邮票上的凤凰古城“北门”宏伟挺拔，依山傍水，周围各式各样的建筑，错落有致。凝重的城墙巍巍矗立，土家的吊楼逶迤连绵，磅礴而恢弘。“古桥”宽大的桥墩直插水底，半圆的桥梁倒映水中，长长的桥楼飞越水面，博大而气派。“古街”以古街中心为轴，纵横交错，连接无数小巷，街面上店铺林立，红灯高悬，街上行人往来，依稀可见古街的繁华。3 枚邮票将凤凰古城的建筑特色表现得淋漓尽致。

图 8-45 是中国 2009 年发行的凤凰古城邮票，图案分别为北门、虹桥、古街。

文化推动着社会进步，艺术提升着文明水准。建筑艺术给人们带来的不仅仅是美的享受、文明的传播、素养的提高，更可贵的是潜移默化地改变着人们生活方式和消费理念，由此提升人们的生活品位和质量，引导着城乡社会拥有高品质人生。

图 8-46

图 8-46 是秘鲁 1971 年发行的利马国际邮展邮票，图案分别为 1843 年利马的阿玛斯广场、1971 年利马的阿玛斯广场。

图 8-47 是比利时 1974 年发行的索莱伊蒙修道院遗址邮票，1975 年发行的布鲁塞尔烈士广场邮票，1976 年发行的布鲁塞尔邮政总局邮票。

传统不是怀旧的情绪，传统是生存的必要。在传统文化的背后有一条精神连接链。在文化的进程之中，文化精神始终是一个民族文化存在与发展的内在根基。人们常会有一种误解，一讲文化，就是一种衰老的形象和千年不变的一种传统，实际上，文化是时代最现代的一种表现，而文化精神也是一种充满创造力的鲜活的存在。

图 8-48 是罗马尼亚 1961 年发行的首都马戏场（1.2L）、曼加利工人俱乐部（1.75L）、首都公寓楼（1L）邮票。

图 8-49 是捷克斯洛伐克 1988 年发行的布拉格现代建筑邮票，图案分别为工会娱乐中心（50h）、科斯波尔外贸公司（1k）、文化宫（4k）。

图 8-47

图 8-48

图 8-49

参考文献

1. 中国建筑科学研究院．中国古建筑．北京：中国建筑工业出版社，1986，10.
2. 赵想中．邮票上的建筑・雕塑．成都：四川美术出版社，1988，10.
3. 段宝林，武振江．世界民俗大观．北京：北京大学出版社，1989，1.
4. 湖北人民出版社编．中国文化知识精华．武汉：湖北人民出版社，1989，2.
5. 冯庄，徐原平．建筑博览．北京：人民邮电出版社，1992，8.
6. 沈福煦．中国古代建筑文化史．上海：上海古籍出版社，2001，7.
7. 潘谷西．中国建筑史．北京：中国建筑工业出版社，2004，1．第五版．
8. 陈志华．外国建筑史（19世纪末叶以前）．北京：中国建筑工业出版社，2004，4. 第三版．
9. （意）Hazel Mary Martell. 世界5000年文明百科全书．济南：明天出版社，2004，4.
10. 罗小未．外国近现代建筑史．北京：中国建筑工业出版社，2004，8．第二版．
11. （英）加奈瑞，（英）玛丽马特尔．最新不列颠世界历史百科全书．济南：明天出版社，2004，9.
12. 王英建．外国建筑史实例集・西方古代部分．北京：中国电力出版社，2006，1.

13. 王英建．外国建筑史实例集·东方古代部分．北京：中国电力出版社，2006，1.
14. 罗哲文．中国名胜——寺塔桥亭．北京：机械工业出版社，2006，2.
15. 翟文明．话说中国建筑．北京：中国和平出版社，2006，7.
16. 马晓．中国古代木楼阁．北京：中华书局，2007，4.

后　记

集邮作为一项社会文化活动，具有广泛的社会性和群众性。100多年来，集邮能够风靡全世界，吸引千万人，绝非偶然，以鉴赏为目的的集邮过程充满着其他文化活动难以替代的情趣。

在人们的生活习惯中，越是司空见惯的事物，越不会引起刨根问底的探究。我从上小学就开始收集新中国的邮票，自认为对它十分熟悉。其实，有许多的问题，例如，各种邮票诞生过程中鲜为人知的史实轶闻，几十年来在邮票选题、设计、印刷、发行等方面形成的规律和特点等，我还没有认真研究，甚至不曾认真细致地想过。于是我开始对新中国邮票及花卉、票中票、生肖、服饰、建筑等专题邮票进行了比较系统的研究，并先后编著出版了几本集邮专著，发表了几十篇研究文章。

以历史的眼光来看，集邮的本质意义在于对一个时代、一个国家、一个民族的精神产品的尊重、认可和欣赏，是对人类历史文明的热爱和探求。那些最能代表时代文化和艺术特色的业绩，那些最能代表民族传统和精神成果的邮票，将是值得我们关注的目标。建筑邮票将人类伟大的创造浓缩于方寸之中，汇聚成精美的艺术画卷，谱写出耐人寻味的文化篇章，值得我们珍视。

编写此书的念头产生于2008年年初，在与弟妹的聚会中，我和正在西安建筑科技大学学习的侄子李欣桐聊起了建筑与邮票。当时我们都觉得，建筑艺术作为一种具有世界性和民族特色的有形的文化，在世界各国发行的邮票上已经成为重要的选题，尤其是代表各国建筑艺术精典的名胜古迹和著名建筑物，往往给人以历史的厚重感和视觉的冲击力。如果编写一本具有知识性、观赏性、趣味性的世界建筑艺术邮票图书，相信会受到从事建筑专业教学的师生、设计人员及集邮爱好者的关注。因为能够搬上邮票的建筑物，不仅有重要的影响，而且经过邮票设计者的艺术装饰，更具艺术观赏性，对从事和喜爱建筑艺术者而言，是一种特殊的参考资料。于是我们商定叔侄合作编写《邮票图说世界建筑》一书。

经过一年多的努力，书稿终于编写完成了。专业资料由李欣桐负责收集，书稿由我们分别撰写，相互讨论最终定稿。书中选用的图案包括 100 多个国家和地区的 1100 多枚邮票（小型张、极限片）。书中如有欠妥之处，敬请读者给予批评指正。

感谢西安建筑科技大学艺术学院院长、博士生导师杨豪中先生为本书作序。感谢邮学家林轩先生及科学普及出版社各位编辑为本书出版付出的辛勤工作。本书参考了大量图书及文章，在此向作者致以谢意。

《邮票图说世界建筑》完稿有感，赋诗一首：

奇观创史没遥空，肇奠宏规神匠功。
圣殿穿云寻主佑，禅堂跨海有传灯。
争将故址筑新景，满目宫城还古风。
皓月临轩今更好，人间广厦竞先锋。

李毅民

2009 年 9 月 20 日

邮票图说 系列丛书

书名	定价	获奖	内容简介
奥林匹克运动	43.00 元	获北京 2008 年奥林匹克博览会集邮展览镀金奖 获杭州 2010 年中华全国集邮展览大银奖	奥运邮票是奥林匹克运动的“见证人”。本书通过奥运邮票以及邮资封、明信片等述说了奥林匹克运动的历史和著名奥运人物。
西方音乐史话	43.00 元	获中国 2009 世界集邮展览镀银奖	音乐是人类文化的精粹，可以使人陶冶情操，修身养性。本书以精美的邮票为媒，用生动的笔触将西方音乐的发展历史和音乐名人娓娓道来。
世界航天 50 年	43.00 元		在太空翱翔，探索宇宙是人类久远的梦想，而今已成为现实。本书集知识性、趣味性于一体，通过邮票向读者展示了世界航天发展历程和航天人物。
世界航空史话	56.00 元	获杭州 2010 年中华全国集邮展览大银奖	人类发明飞机已有 100 多年的历史。本书利用邮票、邮资封和明信片等上的内容讲述了世界航空发展史以及航空知识和航空人物。
世界遗产	52.00 元		世界遗产是具有突出意义和普遍价值的文物古迹及自然景观。本书集中介绍了世界各国发行的邮票上所描绘的世界遗产。
世界服饰文化	53.00 元		服饰是人类文明史的缩影，也体现着各民族的特点。浏览本书，可以欣赏邮票上所展现的世界各民族丰富多彩的服饰。
恐龙家族	49.00 元	获杭州 2010 年中华全国集邮展览银奖	恐龙曾称霸地球，又突然灭绝，是生物进化史上的未解之谜。本书以丰富多彩的恐龙邮票为媒，详尽生动地介绍了恐龙家族以及有关恐龙的知识。
昆虫世界	55.00 元		一枚枚精美的昆虫邮票展现了众多昆虫的美丽和神奇。欣赏这些邮票，仿佛在与昆虫对话，熟悉人类不可缺少的朋友。
中国民俗	50.00 元		中国民俗具有多元化、传承性和群众性。本书选取民俗邮票题材，展示了丰富的物质民俗、节庆民俗、礼仪民俗、精神民俗、民间民俗等。
中国科技	估 53.00 元		中国古代科技成就曾为世界之翘楚，现代科技也在快速发展。本书通过邮票，展示了中国的科技成就和著名科技人物。
世界建筑	53.00 元		建筑是人类智慧的结晶，是凝固的艺术。从邮票里的建筑，读者可以窥视人类文明的起源和进程，欣赏世界各地建筑的美与形。
花卉奇观	50.00 元		花卉从来都是人的最爱，咏花抒怀，赠花寄情。本书汇集了世界各国精美的花卉邮票，既让人了解花卉知识，又让人欣赏花卉芳华。
民用航空	43.00 元		飞机翱翔蓝天，携人远行，承载货物，还可探测、救护、播种……书中的邮票为读者娓娓道来民用航空的起源、发展和诸多实用知识。
宠物乐园	估 48.00 元		宠物是人的精神寄托和好朋友，让人开心，让人爱怜。一枚枚邮票细说了宠物的种类，使可爱的宠物跃然纸上，让人爱不释手。
从独木舟到航空母舰	估 48.00 元		舟船载人承物，炮舰烟火争锋。从独木舟到航空母舰，小小的邮票都有记录，从中读者可以领略历史的脉络和战争的风云。